系列教材

短视频与直播营销实务

慕课版

熊布庭 杨猛

主编

王先平 蒋雨含 卢丹
李汶其

副主编

人民邮电出版社
北京

图书在版编目（ＣＩＰ）数据

短视频与直播营销实务：慕课版 / 熊布庭，杨猛主编. -- 北京：人民邮电出版社，2023.5
中等职业教育改革创新系列教材
ISBN 978-7-115-61221-2

Ⅰ．①短… Ⅱ．①熊… ②杨… Ⅲ．①网络营销－中等专业学校－教材 Ⅳ．①F713.365.2

中国国家版本馆CIP数据核字(2023)第032945号

内 容 提 要

本书依据国务院印发的《国家职业教育改革实施方案》的要求，针对中等职业学校学生的培养目标，按照短视频与直播营销岗位的工作内容，系统地介绍了短视频与直播营销知识，包括走近短视频与直播、短视频内容策划、拍摄与剪辑短视频、发布短视频为直播预热、直播的策划与执行，以及短视频与直播营销复盘等。本书知识全面、结构清晰、实用性强，在讲解知识时以实际操作为主，能够充分满足职业教育教学需求。

本书不仅可以作为中等职业学校电子商务、网络营销、直播电商服务、市场营销等相关专业课程的教材，也可以作为广大读者学习短视频与直播营销相关知识的参考书。

◆ 主　　编　熊布庭　杨　猛
　　副 主 编　王先平　蒋雨含　卢　丹　李汶其
　　责任编辑　白　雨
　　责任印制　王　郁　彭志环

◆ 人民邮电出版社出版发行　　北京市丰台区成寿寺路 11 号
　　邮编　100164　电子邮件　315@ptpress.com.cn
　　网址　https://www.ptpress.com.cn
　　涿州市京南印刷厂印刷

◆ 开本：787×1092　1/16
　　印张：13　　　　　　　　　　2023 年 5 月第 1 版
　　字数：227 千字　　　　　　　2024 年 9 月河北第 3 次印刷

定价：42.00 元

读者服务热线：(010)81055256　印装质量热线：(010)81055316
反盗版热线：(010)81055315
广告经营许可证：京东市监广登字 20170147 号

FOREWORD

////////////////// 前 言 //////////////////

近年来，短视频和直播不断改变着人们的生活、工作和娱乐方式，同时也对信息传播和人们的消费方式产生了深刻的影响，越来越多的企业、品牌方和商家认识到短视频和直播的营销价值，纷纷运用短视频和直播开展营销推广活动。

短视频和直播的特点不同：短视频具备观看场景灵活，信息密度大，传播力和社交属性强，用户留存时间长等特点，但与直播相比，其互动性较差，订单转化率较低；直播具备实时互动性强等特点，更易促进用户转化消费，但是一场直播的时间较长，用户容易因为疲劳而放弃观看，从而导致直播流量有限。因此，对于主播、企业、品牌方和商家来说，无论是通过短视频开展营销推广活动，还是通过直播开展营销推广活动，要想获得更好的营销推广效果，更充分地发挥短视频和直播的商业价值，就必须将两者结合起来，让短视频和直播互相助力，发挥各自的长处，补足各自的短板。

"短视频+直播"模式可以充分发挥短视频和直播的长处，这也是众多主播、企业、品牌方和商家未来的必选项。但是，实现"短视频+直播"的整合营销并非易事，这需要运营人员掌握一定的策略和技巧。于是，我们精心策划并编写了本书，旨在让读者全面掌握系统、专业的"短视频+直播"整合营销的知识。

本书采用项目任务式体例编写而成，共分为6个项目，帮助读者全面了解并掌握短视频与直播营销的相关知识，提高自身运用短视频与直播实施整合营销推广的能力。

本书主要具有以下特色。

- **内容全面，好学易教**：本书全面讲解了短视频与直播营销的基础知识，内容通俗易懂、深入浅出，能够引发读者的学习兴趣，启发读者积极思考与实践，同时便于教师的课堂教学，能够提升教学效果。
- **体例新颖，形式多样**：本书每个项目设有"知识目标""技能目标""素养目标"，让读者有的放矢，明确学习方向；每个项目都以"职场情境"来导入内容，正文穿插"知识窗""动手做""素养小课堂""经验之谈"等多种形式的小栏目，有助于读者深入理解、掌握及运用相关知识。

- **强化应用，注重实践**：本书注重理论知识与实践相结合，强调学、做、行一体化，在操作性较强的环节配有图文结合的步骤解析，每个项目设有"同步实训"板块，让读者在学中做、在做中学，学做合一。同时，本书引领读者从党的二十大精神中汲取砥砺奋进力量，并学以致用，以理论联系实际，推进短视频与直播行业高质量发展。

- **资源丰富，拿来即用**：本书提供了丰富的立体化教学资源，包括知识点微课视频、PPT课件、教学大纲、课程标准等，用书教师可以登录人邮教育社区（www.ryjiaoyu.com）下载相关资源。同时，本书配套慕课视频，读者可以扫描下方二维码，登录人邮学院（www.rymooc.com）免费观看慕课视频。

本书由四川省苍溪县职业高级中学熊布庭、杨猛担任主编，王先平、蒋雨含、卢丹、李汶其担任副主编，范云云、肖琼、梁俊、杨柯普参与本书编写工作。尽管编者在编写过程中力求准确、完善，但书中难免存在不足之处，恳请广大读者批评指正。

编　者
2023年3月

CONTENTS 目 录

项目三　拍摄与剪辑短视频

项目四　发布短视频为直播预热

项目五　**直播的策划与执行**

项目一

走近短视频与直播

职场情境

　　小艾是某职业院校新媒体营销专业的学生，她对短视频与直播非常感兴趣，了解到短视频与直播是新媒体领域的新兴赛道，也是电商企业营销的主流方向。短视频营销与直播带货的结合让她看到了很大的商机和巨大的发展潜力。同时，短视频与直播已经悄然融入人们的生活，越来越多的人想加入短视频的创作、运营与直播潮流中，小艾也是其中之一，她想借助该风口实现自己的理想与人生价值。

　　于是，小艾决定认真学习短视频与直播的相关知识，为顺利实现愿望奠定基础。接下来，我们就跟随小艾一同走近短视频与直播，全面了解短视频与直播知识，为之后的创作、拍摄、发布与运营做好铺垫。

学习目标

 知识目标

1. 了解短视频的特点、类型和发展的驱动因素。
2. 熟悉直播的特点和表现形式。
3. 了解"短视频＋直播"的优势和变现方式。
4. 认识主流的短视频与直播平台。

技能目标

1. 能够分辨不同类型的短视频并说出其营销特点。
2. 能够正确选择适合自己的直播表现形式。
3. 清楚"短视频＋直播"的运营原理。
4. 掌握构建"短视频＋直播"营销闭环的具体做法。
5. 能够根据用户需求选择"短视频＋直播"的变现方式。

素养目标

1. 充分认识短视频与直播的发展潮流，建立流量思维和创新思维。
2. 短视频与直播要把社会效益放在首位，讲格调、讲品位，传播正能量。
3. 在短视频作品中唱响时代强音，传递奋进力量，不怕困难，勇往直前。

任务一　初识短视频

　　小艾虽然对短视频非常感兴趣，在空闲时间也会看短视频，并经常用短视频记录自己的生活，但对短视频的特点、类型及发展历程并没有系统的认识。于是，小艾决定全面认识短视频，对短视频建立一个比较完整和系统的认知。

活动一　分析短视频的特点

　　短视频是指在各种新媒体平台上播放的、适合在移动状态和短时休闲状态下观看的、高频推送的视频内容，时长较短，内容丰富，可以单独成片，也可以成为系列栏目。短视频因自身的传播特点符合用户碎片化的浏览习惯而迅速火爆，成为人们日常生活、娱乐的一部分。

　　经过了解，小艾认识到短视频具有以下特点。

1. 简短精练，内容有趣

　　小艾在课余时间或用餐时间常喜欢看一些趣味性比较强的短视频，如短视频账号"祝晓晗",其发布的一些生活搞笑瞬间常引发小艾的情感共鸣,小艾被他们的沟通氛围及家人间的互动模式所吸引,虽内容简短,却幽默有趣。由此可见,短视频与传统视频相比,具有简短精练、内容有趣的特点,贴合人们碎片化的消费方式。

2. 制作简单,生产成本低

小艾虽然没有系统地学习过短视频制作,但也经常用智能手机拍摄一些自己在旅游景点的打卡视频。这说明短视频的制作简单,生产成本低,生产流程简单,每个用户都可以使用一部智能手机来实现短视频的拍摄、制作、上传和分享,即便是新手,也能依靠智能手机轻松创作出个性化的短视频作品。

3. 互动性强,传播速度快

短视频具有互动性强、传播速度快的特点。从企业方面来说,短视频可以帮助企业更好地与用户进行互动,获得用户反馈,从而更有针对性地改进自身;从用户方面来说,他们可以通过企业发布的短视频与企业进行互动,表达自己的意见和建议。这种互动不仅能使短视频快速传播,还能使企业的营销效果实现有效提升。

4. 观点鲜明,信息接受度高

在快节奏的生活方式下,短视频更符合人们获取信息的需求,即内容简短,交流平等,观点鲜明,直截了当,这使得用户的接受度更高。

5. 指向性强,目标精准

短视频营销与其他营销方式相比,具有指向性强、目标精准的特点。短视频平台通常会设置搜索框,对搜索引擎进行优化,利于用户在平台上搜索关键词,使短视频营销更加精准。

为了便于记忆,小艾觉得这些特点可以用"短、低、快、高、准"5个字来概括,即时长短、成本低、传播快、接受度高、目标精准。

> **动手做**
>
> 请同学们打开抖音App,选择自己喜欢的领域进行搜索,如美妆类、美食类、情感类、剧情类、宠物类、旅行类等,观看播放量、点赞量、评论量较多的短视频,分析其内容创作特点,并通过查看短视频评论,分析评论用户的想法及需求。

活动二 熟悉短视频的类型

在学习短视频营销时,短视频的类型也是需要了解的。以前小艾并不知道短视频的类型有那么多，经过了解她才知道，在不同的分类依据下，短视频可以划分为不同的类型。

第1步　依据内容生产方式划分

从内容生产方式的角度来划分，短视频分为以下3种类型。

1. 用户生产内容类型的短视频

用户生产内容（User Generated Content，UGC）类型的短视频主要是普通用户自主创作并上传的内容，制作的专业性和成本通常较低。UGC具有基数大、涵盖范围广、传播力强的特点。UGC贴近用户生活，深度挖掘用户需求，成为当下流量爆发的主要方式，如图1-1所示。

2. 专业生产内容类型的短视频

专业生产内容（Professional Generated Content，PGC）类型的短视频通常由专业机构或自媒体团队创作并上传，对制作的专业性和技术要求比较高，且制作成本也比较高，但制作出的短视频质量有保证，并且丰富了垂直领域的短视频内容，更容易吸引流量。

例如，抖音账号"蜂花官方旗舰店"的某一条短视频围绕洗发、护发、养发主题传递专业知识，以满足用户的新消费需求，如图1-2所示。

3. 专业用户生产内容类型的短视频

专业用户生产内容（Professional User Generated Content，PUGC）类型的短视频，通常是由在某一领域具有专业知识技能的关键意见领袖（Key Opinion Leader，KOL）或具有一定粉丝基础的"网红"所创作的。他们对内容产品制作有着更深刻的见解、更专业的水平、更持久的热情，能引导短视频向更深远的方向发展。PUGC兼具社交属性和媒体属性，具有较高的商业价值。

例如，抖音账号"柳夜熙"运用"真实世界+虚拟人物"相结合的方法，通过差异化的特效手法创作出优质的短视频，如图1-3所示。

> **💡动手做**
>
> 请同学们想一想，自己看过的短视频中有哪些是由专业团队创作的，哪些是由普通用户创作的，并试着分析其内容特点。

第2步　依据内容的表现方式划分

随着短视频用户规模越来越大，短视频的内容越来越丰富，涌现出许多风格不一、独具特色的短视频。依据内容的表现方式来划分，短视频可以分为以下几种类型。

图1-1　UGC　　　　　　　　图1-2　PGC　　　　　　　　图1-3　PUGC

1. 情景短剧类短视频

情景短剧类短视频是依托相对固定的场景，利用生活中常见的道具，根据自身风格、品牌诉求等进行剧情编创并进行场景化演绎的短视频类型，主要包括幽默类情景短剧、情感类情景短剧和职场类情感短剧，主要特点是故事性强、风格多样，能够快速引起用户的共鸣，如图1-4所示。

图1-4　情景短剧类短视频

2. 人物讲解类短视频

人物讲解类短视频主要指知识讲解或技能分享类短视频，涉及专业知识、学习经验、生活技巧等，如百科知识讲解、历史类知识讲解、生活小妙招介绍、育儿经验分享等，这类短视频具有很强的实用性。人物讲解类短视频包括文字解说、语音解说和真人出镜解说。很多企业也会采用这种形式来讲解行业知识，从而提高自己的知名度。抖音账号"神州摄影"便是通过实例讲解各种摄影技巧，如图1-5所示。

图1-5 "神州摄影"账号主页与短视频

3. 探店类短视频

探店类短视频通过视频向用户介绍店铺商品或服务信息，达到为店铺增加曝光量和引流的目的。探店类短视频的内容相对简单，通常以商品加文字描述的形式来呈现，具有表达形象化、传播分众化的特点。探店类短视频中美食类的视频非常受用户喜爱，这类短视频多介绍店内环境、菜品特色、试吃感受等。

抖音账号"上海美食"便是以探店的方式，通过发布店铺定位帮助店铺吸引了众多美食爱好者，如图1-6所示。

4. 动漫类短视频

动漫类短视频有着独特的"吸粉"优势，虚拟的IP（Intellectual Property，知识产权，在互联网界指所有成名文创作品的统称）形象更容易吸引用户的注意力，同时由于脱离了真人出镜所带来的种种限制，在内容创作上有了更大的想象空间，能创作的内容形式也更加丰富，如"动漫+剧情""动漫+特效""动漫+知识""动漫+情感"等。

图1-6　"上海美食"账号主页与短视频

抖音的动漫类账号"奶龙"中的IP"奶龙"便是以可爱的形象和温馨的剧情吸引了众多粉丝，如图1-7所示。

图1-7　"奶龙"短视频

5. Vlog（Video Blog）

Vlog又称视频网络日志，指创作者（Vlogger）以影像代替文字或图片创作个人日志，并将其上传到媒体平台分享给网友的一种短视频形式。这种形式的短视频侧重记录生活，主题广泛，内容可以是日常生活琐事，也可以是参加的某些活动。

抖音账号"邱奇遇"便是以Vlog的形式记录生活中的平凡小事，那些融合父爱与母爱的真情直击人们的心灵，如图1-8所示。

图1-8　"邱奇遇"短视频

动手做

请同学们在第三方数据分析工具内搜索抖音和快手两个平台最近的相关统计数据，查找不同类型的短视频排行，并总结比较火爆的短视频类型有哪些，同时思考这些类型的短视频为什么能够受到用户的喜爱。

任务二　初识直播

直播是指用户在移动终端或PC（个人计算机）端安装直播软件，利用摄像头进行实时拍摄与呈现，其他用户可以在相应的直播平台观看和互动。如今，直播的热潮影响到各行各业，直播作为一种全新的互联网内容表现形式，深受人们的

喜爱。小艾在熟悉短视频以后，也想对直播有全面而深入的了解。

活动一 分析直播的特点

通过观看不同内容类型的直播，小艾总结出直播具有以下特点。

1. 实时互动性

与图文、短视频等内容类型相比，直播具有更强的实时互动性。在网络直播中，主播为了带给用户更好的体验，会与用户进行实时互动，提升用户的参与感，拉近自己与用户之间的距离。

2. 场景真实性

由于直播的实时互动性，直播所展示出来的内容无法经过后期加工，会给用户很强的真实体验。科技的不断进步使直播可以应用到各种场景中，主播可以给用户展示商品及商品的生产制作过程，通过试吃、试用等方式让用户直观地了解商品的特征和优势，提升用户的信任感，从而刺激其产生购买欲望并做出购买行为。

3. 内容娱乐性

不同的主播展现出来的直播内容或许不同，但无论是秀场直播还是电商直播，主播呈现出来的直播内容往往带有娱乐因素，能够让用户感到快乐，引导用户在娱乐中消费。

直播的内容丰富多样，如才艺展示、户外旅游、知识教学、电商卖货、产品发布会等。为了提升用户的观看兴趣，主播要通过娱乐性内容满足用户对娱乐休闲与便捷购物的需求。

4. 效果直观性

直播运营者可以从直播数据中了解直播间的用户数量及其停留时长、商品的售卖情况等方面的信息。直观的直播效果有助于直播运营者及时调整和优化营销策略。

活动二 选择直播的表现形式

小艾了解到直播的内容越来越丰富，若要做直播营销，首先需要根据实际情况选择直播的表现形式。目前，直播的表现形式主要有以下8种。

1. 商品推荐式直播

商品推荐式直播是指主播在直播间向用户分享和推荐商品，或者由用户在直播间的评论区留言，告诉主播自己需要的商品，然后主播按照大部分用户的需求推荐并讲解相应的商品，整个直播的内容主要是主播讲解并展示商品，如图1-9所示。

图1-9 商品推荐式直播

2. 知识技能分享式直播

知识技能分享式直播是指主播以授课的方式在直播中分享一些有价值的知识或技巧，如提高英语口语能力的技巧、化妆技巧、美食制作技巧、运动健身技巧、摄影技巧等，主播在分享的过程中会推广一些商品，如图1-10所示。这样既能让用户通过观看直播学习到某些知识或技巧，又能让用户感受到主播的专业性，进而提高用户对主播推荐的商品的信任度。

3. 开箱测评式直播

开箱测评式直播是指主播在直播中拆箱并介绍箱子里面的商品。在这类直播中，主播需要在开箱后客观地描述商品的特点和使用体验，让用户全面地了解商品的功能、质量等，从而达到推广商品的目的。

4. 展示日常式直播

在展示日常式直播中，吃饭、购物等日常活动都可以作为宣传个人形象的直播内容。同样，企业也可以通过直播企业员工的日常活动来进行品牌宣传，这类日常活动包括新品研发、商品生产、领导开会等场景中的活动。

图1-10　知识技能分享式直播

5. 产地直播

　　产地直播是指主播在商品的原产地、生产车间等场地进行直播，向用户展示商品真实的生产环境、生产过程等场景，从而吸引用户购买。食品、农产品、生鲜类商品适合产地直播，能让用户直面商品的产地，增强用户对商品的信任感，如图1-11所示。

图1-11　产地直播

6. 供应链基地直播

供应链基地直播是指主播到供应链基地进行直播。很多供应链基地是由专业的直播机构建立的，能够为主播提供直播间、直播商品等。供应链基地通常用于旗下主播开展直播，或者租给外界主播、商家进行直播。

供应链基地搭建的直播间一般配置比较齐全、完善，所以直播画面效果比较理想。此外，供应链基地提供的商品通常是经过供应链运营方筛选的，并且会在淘宝、抖音、快手、京东等诸多主流电商平台上架。

7. 特价抢购式直播

特价抢购式直播是指主播与企业/品牌商合作，在直播中通过特价抢购的方式向用户推荐商品，以吸引用户购买。

8. 海淘现场式直播

海淘现场式直播是指主播在境外商场、免税店进行直播，用户通过观看直播选购商品。海淘现场式直播可以让用户产生亲身在境外商场购物的感觉，直播中商品的标价一目了然，有利于提高用户对商品的信任度。

任务三 了解"短视频+直播"整合运营

当前，"短视频+直播"发展如此迅猛，是因为短视频和直播打破了物理空间的限制和原有的商业模式，重构了商品销售的渠道和流通路径。越来越多的人进入"短视频+直播"领域，进行短视频营销和直播带货的整合运营。小艾觉得只有了解了"短视频+直播"的相关理论知识，才能更好地运营。

活动一 分析"短视频+直播"的优势

如今，短视频行业和直播行业已经出现相互融合的趋势，两者结合起来，互相助力，发挥长处，补足短板，以更充分地发挥商业价值，获得更长远的发展。小艾迫切地想了解这两者之间的优势体现在哪些方面。

"短视频+直播"的优势主要体现在以下5个方面。

1. 内容互补

短视频由于受时长限制以及碎片化观看环境的影响，需要在短时间内吸引用户的注意力，所以对内容的信息密度、节奏感把控有着较高的要求；而直播具有实时互动性，对内容的信息密度要求较低，可以比较完整、体系化地呈现内容。

因此在需要描述细节、还原过程时，直播可以作为短视频的互补内容形态；而在需要呈现重点内容时，短视频则比直播更具优势。两者内容主次有序、有详有略，有重点呈现，也有系统讲解，形成有效互补，可满足用户的不同需求。

2. 时长互补

对用户来说，短视频时长较短，适合用户在碎片化时间和移动场景下观看；而直播要求用户在固定的时间段观看，用户不能自主控制。对运营者来说，主播在直播时可以根据自己的意愿和用户的需求进行直播，没有严格的时间限制，而短视频创作需要录制和剪辑，作品有时间限制。因此，短视频与直播可以在时长上实现互补。

直播平台加入短视频板块后，用户在来不及观看直播时可以看短视频。短视频平台上线直播功能，可以弥补用户在观看短视频时的意犹未尽，使其在时间充裕时观看直播。

3. 引流+变现

短视频与直播融合的最大特征可以说是短视频负责引流，直播负责变现。短视频门槛低，人人都可以参与创作出内容优质的短视频使其广泛传播，快速积累粉丝；拥有了一定的粉丝基础后，可以为直播间预热引流，增加直播间的观看量。主播在直播时通过专业的讲解，突出商品卖点，运用各种呈现方式增强用户的信任感，再凭借促销活动刺激用户消费转化。

4. 传播+运营

短视频在内容传播方面具有直播不可比拟的优势，但短视频无法通过内容与用户实时互动。直播间的用户可以和主播或其他用户进行互动。直播间就像网络社交场所，其中不同的用户由于关注同一个主播而产生认同感，进而形成社群。短视频创作者可以借助直播提升互动性，增强用户黏性，加强对粉丝社群的运营管理。

5. 相互助力

直播强调的是即时性、互动性、现场感，主播可以通过与用户实时互动及时了解用户需求，为短视频内容的创作提供指导。同时，直播所带来的流量有助于增加短视频的播放量。主播可以把直播中的精彩瞬间剪辑成短视频发布，这既能增强直播的长尾效应，又可以利用直播的话题热度为短视频助力。

👤 活动二　构建"短视频+直播"的营销闭环

短视频和直播两种形式互相补充，互相支持，短视频负责给用户"种草"，直播可以帮用户实现消费，从而构建营销闭环。了解了"短视频+直播"的优势以后，小艾接下来要重点学习构建"短视频+直播"营销闭环的做法。

构建"短视频+直播"营销闭环的具体做法如下。

第1步 进行商品展示

设计短视频内容时，因为短视频时长短，运营者应重点突出商品的用法、功能、购买优惠等信息，信息要精练、明晰。例如，某短视频展示了一款洗衣液，在短短1分钟的时间里分别展示了洗衣液的包装、成分、香味、功能和效果，以及折扣和赠品等，这些内容都是用户非常关注的，所以能够迅速吸引用户的注意力。

直播的时长较长，运营者在设计内容时，可以在商品介绍环节多展示商品的外形、材质、功能等细节。例如，在介绍某款服装时，主播让镜头对准服装，向用户展示服装布料的花色、纹理等细节，这些细节可以展现服装的质量；主播在直播中还可以介绍服装的穿着场景，并通过试穿进行直观的展示，从而增强服装的说服力，让更多的用户认可服装；另外，主播还可以反复强调服装的优惠活动。

第2步 打造用户口碑

通过短视频或直播进行营销时，运营者应打造良好的口碑，提高用户的信任度，以引导用户进行消费。要想在短视频和直播营销中树立口碑，运营者就要做到讲诚信，这主要体现在以下两个方面。

一方面，要确保对用户承诺的营销活动真实、有效。在短视频中预告直播会有哪些福利活动，在直播时就应当开展这些活动，不能为了吸引用户的关注而进行虚假宣传。运营者要逐一落实直播活动的每一个环节，确保用户真正享受到优惠。

另一方面，要保证商品质量。保证商品的质量有助于为企业塑造良好的形象。运营者可以在直播间或短视频中展示商品获得的权威认证或专家推荐，以说明商品质量，提高用户对商品的信任度。另外，主播在突出商品的卖点时，也可以坦诚地说出商品存在的小缺点，让用户感受到主播的真诚，从而更加信任主播及其推荐的商品。

第3步 定期直播变现

短视频是有效的引流方式，而直播是有效的流量变现方式。为了提升直播变现的效果，运营者最好定期直播。定期直播有利于培养用户的观看习惯，加深用户对直播的印象，更好地实现引流与变现。

如今，抖音、快手等短视频平台已经打通短视频、直播和电商场景，商家可以在平台上完成用户触达、沉淀、转化到运营的一体化覆盖，从而让商家通过短视频引流强势"种草"，在直播的即时互动中实现流量变现。短视频、直播与电商构成后链路闭环，短视频作为私域流量池搭建品牌与用户间的长效沟通管道，直播为商家提供直接完成销售转化的出口。

活动三　探寻"短视频+直播"的变现方式

运营者入局短视频和直播领域的最终目的就是商业变现。小艾想知道短视频和直播领域有哪些变现方式，如何选择适合自己的变现方式。经过深入研究和了解，小艾发现"短视频+直播"的变现方式主要有以下几种。

1. 广告变现

广告是最直接也是最普遍的变现方式。运营者凭借优质的内容吸引一定数量的粉丝后，就可以通过官方广告平台或第三方广告商承接广告业务。广告变现的类型主要包括植入广告、贴片广告、冠名广告和品牌广告。

- **植入广告**：植入广告指在内容中植入商家的商品或服务信息，在潜移默化中达到营销的目的，这种形式对内容和商品或品牌信息的契合度有较高的要求。植入广告包括台词植入、剧情植入、道具植入、场景植入等类型。
- **贴片广告**：通过展示品牌来吸引用户注意的一种比较直观的广告变现方式，一般出现在短视频的片头或片尾，紧贴短视频内容。贴片广告一般与短视频内容没有太紧密的联系，容易给用户造成不良的观看体验。
- **冠名广告**：冠名广告指在节目前或节目后加上赞助商或广告主的名称进行品牌宣传、扩大品牌影响力的广告形式。这类广告一般费用较高，企业投放时比较谨慎，会选择有一定IP影响力的垂直领域头部运营者，并且对内容持续高品质输出有很高的要求。
- **品牌广告**：品牌广告指以品牌为中心，为品牌和企业量身定做的专属广告。这种广告形式从品牌出发，目的是表达企业的品牌文化和理念，致力于打造更自然、更生动的广告内容。这种广告变现更高效，针对性更强，受众的指向性也更明确，但制作费用较高。

素养小课堂

根据国家相关法律法规，广告不得含有虚假或者引人误解的内容，即不得对商品的性能、功能、质量、销售状况、用户评价、曾获荣誉等内容做虚假或者引人误解的商业宣传，欺骗、误导消费者。短视频和直播的从业人员要坚持底线，遵循国家的相关法律法规，接广告时擦亮双眼，杜绝虚假广告，自觉维护市场秩序。

2. 电商变现

电商变现是指运营者将内容提供给用户，为电商提供用户群，而电商以短视频或直播作为入口增加流量，提高商品销量，运营者在这一过程中获得来自电商平台的收益。

目前，短视频电商与直播电商成为一种常态的变现方式，运营者的参与门槛相对较低。在大部分短视频和直播平台，运营者只需要进行实名认证，有少量的粉丝基础就可以开通小店功能，上架商品，通过提高商品交易额获得佣金或盈利。

电商变现模式包括分销电商模式和自营电商模式。

- **分销电商模式**：适合个人或小团队的运营者，只需找到"爆款"商品或与粉丝画像相契合的商品，通过好物推荐、短视频带货、直播带货的方式就可以轻松运营，无须承担生产、库存、物流等投入成本。
- **自营电商模式**：依据粉丝需求分析和自我品牌诉求进行生产、管理、引入等来实现单品类或多品类的商品变现。这种模式比较适合企业或较大的团队，其优势是有助于建立个人电商品牌，盈利空间大。需要注意的是，自营电商单纯依靠短视频带货效果不明显，"短视频+直播"双引擎运营效果更好，但这对团队协作和综合能力要求较高。

3. 内容变现

无论是短视频还是直播，只要内容足够优质、有趣，就可以激发用户的观看欲望，甚至促使用户主动付费观看，从而使人气转化为实际的经济收益。

内容变现包括用户赞赏、付费观看和会员制增值服务付费模式。

- **用户赞赏**：这是短视频和直播常见的变现模式。用户若觉得内容足够优质，对自己很有价值，就会支付一定数额的赞赏来激励运营者，或者购买虚拟礼物送给主播。
- **付费观看**：内容付费可以筛选优质内容，节约用户的注意力成本，同时让用户获得满足感和充实感。付费观看模式的内容一般具有3个特点，即有价值、具有排他性和猎奇性。运营者可以聚焦某一领域做精、做专，从而吸引对该领域感兴趣的用户。
- **会员制增值服务付费模式**：又称付费会员服务模式，目前很多短视频和直播平台的付费观看模式与会员制增值付费模式相互融合，用户可以在购买会员权利后免费观看直播或短视频，也可针对某场直播或某个短视频有选择地付费观看。

4. 平台补贴

各平台与运营者之间保持着共生共荣和相互依赖的关系，平台推出的激励、补贴政策不仅吸引了更多的运营者入局，还拓宽了内容产业的边界。

为了提高竞争力，很多主流平台推出了自己的分成和补贴计划，如抖音的激励计划、全民任务，快手的"春蕾计划"、任务中心等，微信视频号的"北极星计划"、变现任务中心等。短视频与直播运营者可以通过参与此类活动获得平台的分成补贴。

5. 流量分成

各大平台在内容创作方面普遍有平台流量分成，这也是一种直接的变现方式，根据内容的播放量进行流量的分成。大部分平台在流量的分成上对运营者有一定的考核要求，要求运营者经过新手试运营期，甚至通过原创认证之后，才能参与平台的流量分成计划。

不同平台的流量分成规则与要求不同，但主要取决于内容的播放量，播放量越高，分成相对越多。流量分成对内容更新的数量、内容创作质量和内容面对的用户群体体量都有比较高的要求，所以对新手运营者来说门槛较高。

6. IP变现

无论是个人还是运营团队，打造出IP并将其融合到短视频与直播领域，未来会有更多的长效收益。很多坚持原创的短视频账号经过运营成为超级IP，并且衍生出很多IP附加值实现变现。

例如，"一禅小和尚"成为超级IP后推出了一系列带有一禅小和尚形象的衍生产品。另外，IP变现还有版权输出、付费社群、项目合作等方式。随着泛娱乐时代的到来，IP全产业链价值正在被深度挖掘，那些成名的短视频达人的变现机会也会越来越多。

7. MCN/公会机构

短视频与直播的运营通常是系列化、团队化的工程，如果运营者独自一人完成，很难保证作品的效率与质量，所以大多数运营者出于自身发展的考虑，会选择加入MCN/公会机构。MCN偏向于短视频方向，公会机构偏向于直播方向，它们主要是利用公司资源为运营者提供内容生产运营、粉丝管理、商业变现等专业化服务。

MCN/公会机构会培养专业达人，深度挖掘垂直领域，将运营者联合在一起形成矩阵，为其对接市场中的上下游资源，拓宽他们的发展空间，大大提高运营者的变现效率。

知识窗

短视频直播账号的运营者与品牌商建立合作关系的方式主要有以下 4 种。

（1）品牌商主动联系。当某个短视频账号的粉丝达到一定数量后，就会有不少品牌商主动寻求合作。

（2）发布合作信息。运营者在专门发布广告承接业务的信息平台，将短视频直播账号的相关信息发布上去，品牌商会根据实际需要查找符合条件的账号进行合作。

（3）平台的广告接单服务。很多短视频直播平台推出了官方广告接单服务，利用活动或接单平台为账号运营者选择品牌商进行广告合作，如抖音的"巨量星图"平台、快手的"快接单"平台等。

（4）同行推荐。短视频账号的类型不同，其承接广告的商品也存在一定局限性。例如，宠物类账号更适合承接宠物用品的广告，如果有美妆类品牌商寻求合作，就可以向其推荐用户群体更匹配的美妆类账号。

知识窗

任务四 认识主流短视频与直播平台

目前主流的短视频与直播平台主要有抖音、快手、微信视频号和淘宝直播等。小艾觉得，想要做好短视频与直播运营，首先要选对平台，这就需要详细了解各平台的特点，从中找到契合自己发展的关键点。

活动一 认识抖音

抖音是一款音乐创意短视频社交软件，最初是一个专为年轻人打造的音乐短视频社区。用户可以用这款软件选择歌曲，拍摄音乐短视频，完成自己的作品。抖音上线时间是2016年，经过近些年的快速成长，抖音用户数量不断攀升，拓展成为一个面向全年龄段的短视频社区。如今，抖音上的内容也更加多元化，已经从一种娱乐方式变成一种生活方式。

抖音平台的特点如下。

1. 操作便捷

抖音短视频时长短，门槛低，每个人都可以在抖音平台进行或简单或复杂的短视频创作。

2. 活跃度高

抖音是一个巨大的流量池，目前抖音的日活跃用户量超过7亿，用户数量丰富且多元化，活跃度高，使用频次高，这使抖音的用户黏性不断增强。

3. 智能推送

抖音通过收集、整理和分析用户的数据信息，通过个性化推荐机制实现个性化推送，吸引用户持续关注，减少干扰，并为营销定位精准用户。

4. 参与性强

抖音会定期推出视频标签，引领用户参与同一主题视频的创作。这些视频标签能够激发用户的创作灵感和积极参与感、成就感。

5. 社交性强

人们都渴望被关注，有着很强烈的社交需求。用户在抖音上可以随时随地分享自己的生活和经历，并且得到他人的回应，从而产生互动。抖音发展迅猛的一个很重要的原因就是它满足了用户展示自我的需求。

经验之谈

在抖音的搜索结果页面中，点击短视频作品对应的账号名称，即可进入该账号的主页，查看该账号公开发布的所有短视频作品。如果想要查询同一领域的视频，可以在搜索框中输入某一垂直领域，如"搞笑"，搜索结果即为同类视频。

活动二 认识快手

快手于2011年上线，2012年转型为短视频App，成为国内最早进军短视频行业发展的App之一。与抖音潮流化的调性相比，快手更注重生活化，"真实、有趣、接地气"是该平台的调性。"普惠、简单、不打扰"是快手的产品理念。快手将自己定位为记录、分享、发现生活的平台，旨在让每个普通人记录、分享自己的真实故事。

快手平台的特点如下。

1. 内容原生态

快手短视频以原生态内容为主，内容真实，注重生活化，几乎不做任何修饰，呈现生活朴实、本真的模样。快手平台上有很多关于乡村生活的短视频，其关键词是"淳朴""真实"，这样的内容更容易让用户接受，如图1-12所示。

图1-12　内容原生态

2.　普惠式运营

快手基于"社交+兴趣"的模式对用户进行去中心化的内容推荐。快手有
两种浏览模式，一种是点击播放模式，即在"发现"栏中点选自己感兴趣的短
视频播放，如图1-13所示；另一种是大屏播放模式，用户按照平台推送的顺序
浏览短视频，通过上下滑动屏幕来切换短视频，如图1-14所示。

图1-13　点击播放模式　　　图1-14　大屏播放模式

3.　注重用户体验

注重用户体验是快手始终坚持的理念。在商业化方面，为了防止过度打扰

用户，快手的商业化机制精确衡量商业化与用户体验及平台价值的关系，商业内容的点击率、播放时长、点赞量、关注量、评论量、转化率等正面指标表现越好，就越能赢得更多的流量支持，自然投资回报率就越高。通过这套机制，快手鼓励创作者创作更多对用户有价值的商业内容。

4. 商业化潜力大

快手在下沉市场的表现非常出色，下沉市场即三线以下城市及偏远农村等地区的市场。快手在这些下沉市场拥有较高的渗透率，商业化潜力很大，其潜力来源于对应的用户群体，这些用户群体与快手的用户群体重合度极高。

5. 变现能力强

庞大的用户量和坚实的粉丝信任基础为快手运营者变现提供了多种可能性，如直播带货、知识付费、广告等。平台为运营者提供了多种变现手段，哪怕是腰部和尾部主播，也能获得普惠流量和资源。

活动三　认识微信视频号

微信视频号（以下简称"视频号"）是2020年1月22日腾讯公司正式宣布开启内测的平台。视频号不同于订阅号、服务号，它是一个全新的内容记录与创作平台，也是一个了解他人、了解世界的窗口。视频号的位置在微信的"发现"页，即"朋友圈"入口的下方。

最初视频号内容以图片和视频为主，可以发布长度不超过1分钟的视频，或者不超过9张的图片，还能带上文字和公众号文章链接，而且不需要借助PC端后台，可以直接在手机上发布。视频号支持点赞、评论，也可以转发到朋友圈和聊天窗口与好友分享。

视频号的特点如下。

1. 两种内容分发机制并存

视频号目前的内容分发机制有两种：社交推荐和个性化推荐。与抖音、快手相比，视频号更侧重社交推荐，即根据社交关系匹配内容。运营者的视频主要通过朋友圈、微信群等进行推荐。

另外，视频号在页面上分为关注、朋友点赞、推荐3个入口，分别对应兴趣推荐、社交推荐和个性化推荐。其中，朋友点赞会向用户推荐微信好友点赞的短视频，短视频下方会显示该短视频由哪位好友点赞，如图1-15所示。视频号也支持个性化推荐，如果视频内容足够优质，并有足够多的用户点赞和评论，视频号内容就有更大的概率得到系统的主动推荐，获得更大范围的传播，并且使优质内容具有更长的时效性，如图1-16所示。

图1-15　朋友点赞短视频　　　　图1-16　个性化推荐短视频

2. 信息分发多向传播

视频号除了可以发布短视频外，还能插入公众号文章的超链接，给公众号带来一些曝光流量，或者通过公众号为视频号的短视频引流，提升内容在微信内部的流动性。这种形式或将改变微信内部的信息流向，将公众号内容的信息分发变为多向传播，带来新的用户行为和操作路径，进而带来新的机会。

3. 公域流量更易转化为私域流量

裂变拉新是所有平台实现长期运营发展的共同手段，而视频号是基于微信这一社交平台诞生的，它嵌于微信内部，与微信融为一体。因此，视频号依靠的是来自微信生态圈的所有用户，不需要进行额外拉新，公域流量更容易转化为私域流量。

活动四　认识淘宝直播

淘宝直播是阿里巴巴推出的消费类直播平台。在该平台，用户可以一边看直播，一边与主播互动交流，选购商品。在2022年淘宝直播盛典上，淘宝公布了过去一年淘宝直播取得的成绩，淘宝直播年成交额超过百万元的直播间达到25000个，成交额过千万元且增速超过100%的品类达到334个。当前，淘宝直播进入新内容时代，"专业有趣的人带你买"成为淘宝直播平台的新价值主张。

淘宝直播平台的特点如下。

1.　用户流量大

阿里巴巴在2022年发布的财政年度报告显示，我国年度活跃消费者超过10亿人，我国消费者业务GMV（网站成交金额）为7.976万亿元，约合1.258万亿美元。淘宝直播创下了高引流、高复购和高流量价值的"三高"：为品牌店铺引流沉淀了1.2亿新会员，并且带来了人均购买超过20次的高复购率和日均ARPU（Average Revenue Per User，每位用户平均收入）值超过30元的高流量价值。

2.　信息传递即时性

淘宝直播的信息传达是面对面的，具有即时性，所以只要主播引导得当，商家在直播期间通过庞大的用户流量就可以轻松实现获得巨额商业利润的目标。

3.　主播专业度高

与其他内容类平台的带货主播不同，淘宝直播平台的主播具有更高的专业度。由于用户在决定进入淘宝直播间时往往有较强的购物意愿，淘宝主播最主要的任务就是服务好用户，满足他们的需求，所以主播具有明显的导购属性，其个人能力对带货产出有着至关重要的作用。主播的个人能力主要包括理解能力、销售能力、控场能力及个人魅力等。

4.　用户信任感强

由于淘宝在买家和卖家中已经有了很高的知名度，淘宝直播平台拥有天然的电商基因。与其他直播电商平台相比，用户更愿意相信运营时间长、有一定规模的淘宝，他们对淘宝直播平台的信任感更强。基于主播的个人魅力和平台的实力，用户产生购买决策的时间大大缩短，购买频次不断增加。

5.　商品货源充足

淘宝网把直播电商作为新型电商业态进行重点扶持，形成了比较完善的平台机制。淘宝直播的电商产业链完善，商品货源充足，主播们不需要自己挖掘货源，这给很多缺少资金的新手主播带来了很好的机会。

淘宝直播不但货源充足，而且品类众多。服饰、美妆等作为淘宝的强势品类，在淘宝直播中，这两个品类的货源供给量和流量占比都具有巨大优势。同时，直播产品基本为批发进货，性价比高，头部主播能够提供的价格优惠更突出。

淘宝直播的信息传达即时性、产品种类丰富、货源充足，以及主播在直播和服务方面具有专业性等特点，使其用户流量猛增，优势凸显。淘宝直播把短视频和直播深度结合，走"短视频种草+直播拔草"营销路线，未来平台还会对一些具备短视频内容创作能力的账号进行扶持。

同步实训

👤 实训一　选择短视频类型和平台

📋 实训描述

要想成功运营短视频，运营者首先要了解各类短视频平台的特征和优势，明确自己的运营方向，找到适合自己的短视频平台。本次实训要求同学们为某农产品电商创业团队选择短视频类型和平台。

✖ 操作指南

1. 选择短视频类型

农产品电商创业团队会为用户推荐农产品及其相关的加工产品，在拍摄视频时可能会前往生产场所，因此可以考虑剧情类短视频、"种草"类短视频、Vlog等。同学们要将以上几个类型在主要特点、是否符合该农产品电商创业团队的需求等方面进行对比，从而确定某一短视频类型。

2. 选择短视频平台

抖音、快手、微信视频号等都可以作为备选平台。同学们要从平台定位、人群分析、交互方式、平台推荐机制和内容选择等方面考虑，并根据该农产品电商创业团队的要求选择一个平台作为最终的发布和运营平台。

💬 实训评价

同学们完成实训后，撰写心得体会并提交给老师，老师按表1-1所示内容进行打分。

表1-1　实训评价

序号	评分内容	总分	老师打分	老师点评
1	是否对短视频形成正确认知	10		
2	是否了解常见的短视频类型	20		
3	选择的短视频类型是否合适	30		

续表

序号	评分内容	总分	老师打分	老师点评
4	是否了解主流的短视频平台	20		
5	选择的短视频平台是否合适	20		

实训二 熟悉短视频平台的相关规则

实训描述

要想顺利发布短视频，且让短视频获得流量支持，运营者发布的短视频内容必须符合平台规则，不违规。因此，运营者有必要了解短视频平台的相关规则。本次实训要求同学们以抖音为例，查看抖音平台的相关规则。

操作指南

（1）下载抖音App并登录账号，选择界面右下角的"我"选项，然后点击界面右上角的"更多"按钮≡（见图1-17），在打开的界面中点击"创作者服务中心"，如图1-18所示。

微课视频

图1-17 点击"更多"按钮　　图1-18 点击"创作者服务中心"

（2）在打开的界面中点击"学习中心"按钮（见图1-19），打开"抖音创作者学习中心"界面，在导航栏中点击"规则与机制"选项卡，如图1-20所示。

（3）在打开的界面中查看抖音平台的相关规则，在"全部课程"下拉列表中选择需要了解的规则类型，如图1-21所示。

图1-19　点击"学习中心"　　图1-20　点击"规则与机制"　　图1-21　选择规则类型
　　　　　按钮　　　　　　　　　　　选项卡

（4）点击左上角的"返回"按钮〈，在打开的界面中点击"规则中心"，打开"抖音规则中心"界面，查看平台的相关规则，包括社区公约、医疗公约、未成年规范、电商规则和直播规则，并查看详细的规则解读，如图1-22所示。

（5）在了解完平台规则后，点击左上角的"返回"按钮〈，在打开的界面中点击"全民任务"（见图1-23），进入任务列表界面，查看抖音上正在开展的任务。点击某个任务后，可以详细了解该任务的规则，如图1-24所示。

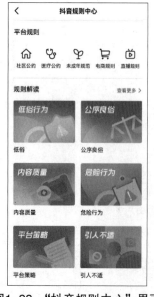

图1-22　"抖音规则中心"界面　　图1-23　点击"全民任务"　　图1-24　了解任务规则

实训评价

同学们完成实训后，撰写心得体会并提交给老师，老师按表1-2所示内容进行打分。

表1-2　实训评价

序号	评分内容	总分	老师打分	老师点评
1	能否熟练查找抖音规则	20		
2	是否熟悉抖音社区公约	20		
3	是否熟悉抖音电商规则	20		
4	是否熟悉抖音直播规则	20		
5	是否了解相关的政策法规	20		

项目总结

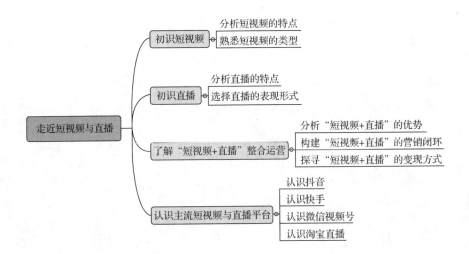

项目二

短视频内容策划

职场情境

做好短视频创作并不是一朝一夕的事，必须做出合理的规划才能确保走对方向。小艾在工作实践中了解到，一个优质的短视频账号应当明确目标受众，确定用户的精准需求，找到合适的短视频展现形式，并能够持续不断地找到优质选题，在此基础上才能打造出高质量的短视频内容。

学习目标

知识目标

1. 明确短视频内容定位方向。
2. 掌握短视频的内容类型及展现形式。
3. 掌握短视频的内容结构。
4. 了解短视频脚本的类型。

技能目标

1. 能够选择适合自己创作的短视频类型与展现形式。
2. 学会在短视频中灵活植入营销内容。
3. 学会根据账号定位设计短视频的封面与标题。
4. 学会撰写短视频脚本。

素养目标

1. 培养短视频创作的全局统筹能力和节奏把控能力。
2. 正确理解模仿，可以在模仿中创新，杜绝抄袭行为。
3. 坚持用户思维，打造用户喜欢的短视频内容。

任务一 定位短视频内容

小艾发现，如今的短视频已经遍及各个领域，短视频营销的市场竞争也越来越激烈，要想做好短视频营销，首先要做好内容定位，选好题材，创作出差异化内容，从而避免陷入同质化竞争。

活动一 明确短视频内容定位方向

小艾常听有些人说："做短视频不用多考虑，什么题材火就做什么题材的内容，人们愿意看什么就拍什么。"小艾并不完全赞同这种说法，她觉得如果没有明确的内容定位，选不好方向，就很难获得精准用户，盲目从众不利于后期运营。

在她看来，明确短视频内容定位方向需要考虑以下两个方面。

一是自身条件。自身条件主要包括自己的技能、知识水平、兴趣爱好，以及是否能够熟练使用各种摄像设备、拍摄App和视频剪辑工具等。根据自身条件选择自己最擅长并有丰富资源（包括数据、素材等）的领域。只有充分利用自己的优势做好内容定位，才能在行业竞争中形成自己的特色与调性，展现出自身的核心竞争力。

二是用户需求。选择内容定位方向，不仅要分析自己的特点，还要充分了解用户需求，如用户在娱乐、功能、知识、精神、情感等方面的需求；要形成目标用户群体的用户画像，并敏锐洞察用户的需求，据此选择内容定位方向，定位短视频内容。

运营人员结合以上两个方面确定短视频内容方向，选好进入短视频营销的内容领域，逐渐从"专"做到"精"，垂直深耕内容，才能吸引精准流量。短视频营销要注重内容的垂直细分，因为越是垂直细分的内容，实现商业变现大多越容易。

运营人员在确定短视频内容定位方向的垂直性时，要注意以下3点。

1. 实用性

实用性就是能够给用户带来看得见的、实实在在的利益，能够为用户解决疑难问题。例如，有的短视频专注于分享生活小妙招，这些短视频内容往往解决了人们在日常生活中遇到的难题和痛点，因此能够满足人们的需求，如图2-1所示。

图2-1　实用性短视频内容

2. 知识性

打造短视频的垂直内容还要注重知识性。知识本身就是一种价值的载体，凸显知识性的短视频内容往往会让用户觉得非常有价值。美妆知识、办公软件应用教程等都属于知识性内容，如图2-2所示。

图2-2　知识性短视频内容

3. 差异性

做短视频垂直内容的另一个方向就是实现短视频内容的差异化。只有做好差异化内容，才能吸引用户的注意力，即做到"人无我有，人有我优"，这样的内容更能凸显出垂直化特点。

当前美食类、美妆类、剧情类、才艺表演类等内容属于红海领域，而宠物类、搞笑类、创意类短视频更容易出"爆款"，一些比较接地气的日常生活分享更容易引发用户共鸣，互动率也比较高。目前，一些短视频平台鼓励就传统文化进行内容创作，如围绕民歌、民乐、民族舞等主题进行创作，如图2-3所示。

图2-3　差异性短视频内容

活动二　确定短视频的内容类型

短视频的内容类型有很多种，从中选择与自身条件相契合的，能够满足目标用户群体需求的内容非常重要。小艾觉得，要想确定短视频的内容类型，首先要了解行业内的短视频内容类型大致都有哪些，并应掌握其主要特征。

短视频根据内容类型大致分为娱乐剧情类短视频、美食分享类短视频、才艺展示类短视频、运动健身类短视频、可爱治愈类短视频、影视剧评类短视频等。

1. 娱乐剧情类短视频

很多人看短视频的目的是娱乐消遣、缓解压力、愉悦心情。娱乐剧情类短视频会给人带来欢乐，使人心情愉悦。娱乐剧情类短视频可以采用情景剧、脱口秀等表现形式，主要的演绎方式是通过夸张的手法、诙谐的台词、滑稽的动作进行自嘲、调侃等。

2. 美食分享类短视频

美食分享类短视频不仅可以向用户展示与美食有关的技能，还可以表现出创作者及出镜人对生活的热爱。美食分享类短视频可细分为美食教程、美食测评、美食探店、展现生活方式等内容类型。

3. 才艺展示类短视频

才艺展示类短视频展示的内容包含唱歌、跳舞、乐器演奏、曲艺表演等。这类短视频只是单纯地展示视频中人物的才艺，强调观赏性和娱乐性，是常见的短视频类型之一。

4. 运动健身类短视频

现代社会人们的生活节奏快，很少有人能够抽出专门去健身房运动的时间，而健身与短视频的结合很好地解决了这一痛点。运动健身类短视频能够带领用户在家免费学习健身动作，主要是健身教练以科普的形式分享专业的健身知识及健身动作，或者是健身爱好者分享自己的健身日常等。

5. 可爱治愈类短视频

可爱治愈类短视频主要展现幼儿或宠物，以幼儿或宠物可爱、治愈的特征来吸引用户观看。在创作这类短视频时，创作者要尽情地展现短视频主角的可爱之处或一技之长，再配上其具有辨识度的声音，以达到融化人心、获得超高人气的目的。

6. 影视剧评类短视频

这类短视频要求创作者的声音有较高的辨识度，具有自己的风格与特色，而且在影视剧素材的选择上也有讲究，多选择热门电影或电视剧，通过轻松、幽默的语言把自己的思想观点表达出来，再配上精心剪辑的剧情，创作出富有新意的作品。

活动三　选择短视频内容的展现形式

确定了短视频的内容类型以后，下一步就是选择合适的内容展现形式。小艾了解到短视频内容的展现形式主要有图文形式、实拍形式、动画形式和创意形式4种。

1. 图文形式

图文形式通常是由一张或几张底图与说明性文字组成，有时也会出现与内容相关的人物。这种展现形式简单，易于操作，几乎不需要拍摄视频和进行后期制作。但是，要想让内容吸引用户，需要精心设计文字，使其足够惊艳。

2. 实拍形式

实拍形式就是指出现在短视频中的人、物和场景都是真实的，这是短视频常用的一种内容展现形式。这种短视频更具真实感和代入感，更容易拉近与用户之间的距离，使其产生共鸣。

实拍形式包括真人出镜和其他事物出镜。

- **真人出镜**：即短视频主角是真实的人物，不仅有外在形象，还有表情、动作、语言，这样可以使短视频内容更加立体、生动、丰满。适合真人出镜的短视频内容主要有脱口秀、知识分享、娱乐剧情类等。
- **其他事物出镜**：包括宠物、风景、美食等出镜，辅以配音、配乐、字幕等展现短视频内容，给人以美感，能够满足用户的观赏需求。

3. 动画形式

动画是一种综合艺术，是集绘画、电影、数字媒体、摄影、音乐、文学等众多艺术门类于一体的艺术表现形式。在短视频行业，一些创作者会采用动画的形式来展现内容。精致的动画形象很容易受到用户的喜爱和关注，从而提高短视频的播放量。但是，由于动画制作的专业性较强，且制作起来耗时费力，所以采取动画形式来表现短视频内容的通常是一些专业的内容生产公司。

例如，抖音账号"鼠星星"以仓鼠闺蜜为主角，展现她们之间的温情互动，以"动画+剧情"的方式赢得了不少用户的关注，如图2-4所示。

图2-4　动画形式短视频

4. 创意形式

创意形式是指采用创新的艺术形式来展现短视频内容。如果短视频选题新鲜且富有创意，创作者有非常新颖或独特的创作思路，不妨尝试着做出来。创意形式可以快速触达用户心理，但对于需要积累粉丝的新手创作者来说，这种形式存在很大的风险，最好以稳扎稳打为主、新颖创意为辅，以减少时间成本和试错成本。

例如，抖音账号"农漂女青年"通过动画片的形式演绎美食的制作过程，她赋予食材"生命"，短视频中无真人出镜，只有"会动"的食材和逼真的音效，迅速赢得了用户的喜爱和关注，如图2-5所示。

素养小课堂

随着时代的变迁、社会的进步，国家大力支持和鼓励大众创业、万众创新。为了赶上时代的潮流，各行各业的创新不断涌现，推动着社会发展。创新是民族进步的灵魂，是国家兴旺发达的不竭源泉。发展是第一要务，而创新是引领发展的第一动力。因此，我们要具备创新意识，主动培养自己的创意思维。

图2-5 创意形式短视频

任务二 设计短视频内容

在做好了短视频内容定位后，小艾及其团队需要设计短视频内容，包括策划短视频的内容结构，植入短视频营销内容，以及设计短视频封面与标题。

活动一 策划短视频的内容结构

小艾认为，即使短视频内容简短，也需要结构严谨才能表达顺畅，更自然地吸引用户的注意。短视频通常采用"黄金三段式"结构，即开场、主体和结尾。

1. 开场

短视频的开场非常重要，如果在开场的几秒不能有效吸引用户，那么这条短视频就很可能会被划走。因此，创作者要精心策划短视频的开场，使开场抓住用户的注意力，吸引其产生看下去的欲望。

要想抓住用户的注意力，创作者可以运用以下3种开场方式。

（1）制造冲突

创作者在开场要设置冲突感较强的信息，让用户一点开短视频就被反差或强烈的视觉刺激吸引，产生继续观看的兴趣。冲突可以是文案冲突、特技效果、罕见的奇观等。

例如，抖音账号"波妞波力"的短视频利用精湛的特效在开场就给人带来视觉刺激，把幼儿变小并且和其他事物形成鲜明的对比，不仅画面精美，而且新颖有创意，这种画面反差能够瞬间激发用户的好奇心和观看兴趣，如图2-6所示。

图2-6　开场制造冲突的短视频

（2）结果前置

结果前置即视频开场就点明主题，先告诉用户结果，然后用剩下的时间交代与结果相关的信息，如事件的人物、地点、起因、发展等。这种方式适合剧情类短视频，提前揭示剧情结局可以引起用户的好奇心和观看欲望。

（3）抛出问题

抛出问题是指在短视频的开头就抛出大众普遍关注的问题，以引起用户的注意。抛出的问题要有价值，能够触动用户的痛点，这样才能引起用户的好奇和兴趣。

一些知识技能分享类的短视频经常采用这种方式开场。例如，抖音账号"爱PPT的房金"的短视频在开场时一般先通过情境抛出一个问题，例如"**文字超多还不能删 这种PPT应该怎么做**"，以此来激发用户的求知欲，先吸引用户关注，再详细讲解，如图2-7所示。

2. 主体

主体即短视频的开场与结尾之间的部分，这是短视频的核心内容，所以要有亮点、有深度，人物形象要立体，主题要鲜明，情节要曲折，这样才能吸引用户继续观看。

图2-7 开场抛出问题的短视频

要想让短视频内容引人入胜，创作者可以运用以下两种方式构建主体内容。

（1）制造高潮

创作者要在短视频的主体部分制造高潮，使用户代入短视频的情景，引导其产生共鸣，从而带动用户跟随内容欢笑、流泪、气愤、惊叹，促使其点赞、评论或转发。

（2）巧设转折

一般娱乐剧情类短视频会在主体内容中恰当地设置转折点，从而更好地推动剧情发展，吸引用户继续观看。设置转折点有两种方法，一种是揭示真相，另一种是人为地设定戏剧化反转。

巧设转折能够使故事情节起伏多变，使内容情节向相反的方向发展，打破思维定式，给用户造成巨大的心理反差，从而加深对短视频内容的印象。

3. 结尾

短视频的结尾也很重要，不能草率结束。常见的结尾方式有适当留白、引导互动和引发共鸣。

（1）适当留白

短视频的结尾可以适当留白，通过设置悬念或采用开放式结尾，给用户留下想象的空间，引人深思。

（2）引导互动

引导互动是指在短视频结束时引导用户互动，一些"爆款"短视频常以问句结尾。例如，创作者在视频结尾时这样说："你怎么看？""你身边有这样的人吗？""你遇到过这种情况吗？"。

（3）引发共鸣

引发共鸣就是在短视频的结尾进行总结，通常以语言、文案、画面等细节升华主题，以引发用户的情感共鸣，促使其点赞、评论或转发。

动手做

请同学们在抖音平台搜索剧情类短视频，观看3条典型的剧情类短视频，分析其内容结构，并试着以"爱心"为主题策划剧情类短视频的内容结构。

活动二　植入短视频营销内容

小艾所在的公司与某商家达成合作，要在短视频中为该商家的产品做宣传。小艾和同事共同讨论如何潜移默化地植入营销内容，才能达到既能宣传产品又不影响用户观看体验的目的。

运营人员在短视频中植入营销内容时，要注意以下3个方面。

1. 符合账号定位

在短视频中植入的营销内容应当符合账号定位，品牌内涵或产品信息应与短视频的内容风格相契合。植入营销内容的目的是向用户传递品牌或产品信息，有针对性地向目标用户进行推广，而随意植入可能会引起用户的反感，影响短视频的营销效果。

例如，美食类账号适合植入食品广告或餐具广告，如果植入化妆品广告，不仅会增加创作难度，还很难获得粉丝的信任，无法达到预期的营销效果。如果是剧情类短视频，运营人员要根据剧情内容将品牌或产品信息与视频中的场景、剧情、人物等融合在一起，这样才能取得良好的营销效果。

2. 考虑用户需求

运营人员要进行软植入，将营销内容与短视频内容完美结合在一起，让用户在观看短视频的过程中了解运营人员所宣传的品牌或产品。但是，如果营销内容的植入过于"自然"，用户在观看视频后没有产生任何记忆点，那么也收不到任何营销效果。

因此，在植入营销内容的短视频中，品牌或产品的存在感不能太低，要保证内容在整体上满足用户需求，否则很难激发用户的购买意愿。

如果是在剧情类短视频中植入营销内容，运营人员要将营销内容与短视频剧情完美融合，既保证短视频的质量，又不引起用户的抵触，使营销内容获得大范围的传播。

3. 注重品牌打造

在品牌广告类短视频中，运营人员在设计营销内容时，要注重品牌的打造。视频内容要有趣、有创意、辨识度强，能够清晰地展示企业的品牌定位、品牌文化和理念。设计品牌推广内容时，还可以巧妙地结合当前热点，热点话题、热点事件等内容都可以有效地为短视频带来流量，从而提高短视频营销变现的能力。

经验之谈

在创作植入营销内容的剧情类短视频时，要符合以下要求：一是剧情结构要清晰、完整，一个完整的故事更容易赢得用户的信任，只有用户相信短视频的内容，才会相信短视频推广的产品；二是内容要通俗易懂、生动有趣，而且要接地气，如果剧情非常复杂，用户很难理解和消化，就会阻碍产品的推广；三是剧情要与热点相结合，将植入的营销内容与当下热点结合起来，在文案中融入热点话题或热门关键词，以增加观看量。

活动三 设计短视频封面与标题

除了内容与结构以外，短视频能否吸引用户关注还会受封面和标题的影响。因此，小艾及其团队开始着手设计短视频的封面与标题。

图2-8 "孙小厨教做菜"
的短视频封面

1. 短视频的封面设计

优质的短视频封面应符合以下基本要求。

（1）画面清晰，主次分明

短视频封面要足够清晰，封面模糊就无法有效地传递信息，会影响用户体验，导致用户难以产生点击的欲望。因此，创作者要调整好原图的清晰度、亮度和饱和度等，使封面的色彩更加鲜亮，更具吸引力。另外，封面构图要主次分明，要将短视频主角放在焦点位置，以突出主体。

例如，抖音账号"孙小厨教做菜"的短视频封面主要是菜品展示，色泽鲜亮，很容易勾起人们的食欲，如图2-8所示。

（2）画面具有视觉冲击力

短视频封面无论使用的是视频中的场景、人物还是事物，都要给用户带来视觉冲击力。创作者可以从以下3个方面来考虑。

- 封面中人物的表情要夸张，夸张的表情可以更好地传递丰富的情绪。
- 人物的动作、台词要有强烈的戏剧性，能吸引用户产生观看的欲望。
- 制造封面元素的强烈对比，从而吸引用户点击观看。

例如，抖音账号"房琪kiki"的短视频封面中的人物与背景形成鲜明的对比，颇具视觉冲击力，给人以美感，如图2-9所示。

（3）封面与主题密切相关

创作者在设置短视频封面时，要根据短视频的内容方向选择相应的封面，使封面与短视频的内容保持一致。封面是为短视频主题服务的，所以封面要与短视频主题密切相关，否则用户点击短视频后发现内容与封面毫不相关，就会产生厌恶心理，甚至取消关注。

（4）形成独特的封面风格

创作者在设置短视频封面时要形成自己的风格，为短视频设计独具个人特色的封面，还可以设计一个固定的模板，让每条短视频的封面都形成统一的风格，这样用户可以非常方便地在历史记录中查找短视频，也能提高短视频账号自身的辨识度。

例如，"灵魂舞者大鹏"的短视频封面都是展示的3位舞者跳跃的舞姿，画面新颖，风格独特，如图2-10所示。

图2-9 "房琪kiki"的短视频封面 　图2-10 "灵魂舞者大鹏"的短视频封面

创作者在设计短视频封面图时，必须遵守相关法律法规及平台规定，封面上切忌出现暴力、惊悚和低俗等内容，不能含有二维码、微信号等推广信息，也不能带有水印。如果出现违规内容，非但短视频得不到平台推荐，其运营者还会受到相应的处罚。

知识窗

常见的短视频封面主要有以下几种类型，如图2-11所示。

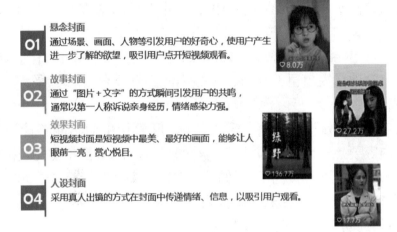

01 悬念封面
通过场景、画面、人物等引发用户的好奇心，使用户产生进一步了解的欲望，吸引用户点开短视频观看。

02 故事封面
通过"图片+文字"的方式瞬间引发用户的共鸣，通常以第一人称诉说亲身经历，情绪感染力强。

03 效果封面
短视频封面是短视频中最美、最好的画面，能够让人眼前一亮，赏心悦目。

04 人设封面
采用真人出镜的方式在封面中传递情绪、信息，以吸引用户观看。

图2-11　常见的短视频封面类型

知识窗

2. 短视频的标题设计

短视频的标题影响着短视频的播放量，一个优质的标题能够吸引用户观看短视频，并激发用户的认同感，增加短视频的评论数量，从而提高短视频的完播率和互动率，带来良好的传播效果。

设计短视频标题时，创作者要重点考虑以下7个方面。

（1）设置悬念

好奇心是用户观看短视频的重要动力，而设置悬念是引发好奇心的一种有效方式。创作者在标题中设置疑问或矛盾冲突，可以激发用户的观看欲望，促使其点击观看，在短视频中寻找答案。例如，"整天神出鬼没，她有什么秘密瞒着我？"。

（2）添加关键词

在拟定短视频标题时，创作者要尽可能多添加一些高流量关键词，这有利于增加短视频的推荐量和播放量，提升短视频的热度。关键词可以是热点新闻词、流量热词、名人或品牌名称等。例如，在某知名艺人直播健身热度大涨期间，一些运动健身类短视频会添加"本草纲目键子操""踢键子"等关键词，以提升短视频的热度。在添加关键词时，创作者选择的关键词应与短视频的定位保持一致。

（3）增强代入感

短视频标题要增强代入感，让用户觉得短视频内容与自己有关，从而激发观看短视频的欲望。增强标题代入感的方法有两种：一是使用第二人称"你"，这可以拉近与用户之间的距离；二是在标题中添加用户标签，直接标明目标用户群体，常用的用户标签有身份、学校、职业、年龄、性别、兴趣爱好等。例如"小学生家长如何让孩子爱上阅读"，一些家长看到这样的短视频，就会不自觉地代入自己的身份，按捺不住好奇心来点击观看。

（4）引用数字

引用数字的标题逻辑清晰，表达具体、形象且生动，能够让用户轻松理解短视频的内容要点，同时激发用户观看的兴趣。创作者在短视频标题中使用数字时，一般使用阿拉伯数字。例如，"8个女性健康小知识，90%的人不知道""8个常见小问题，医生教你轻松应对"等。

（5）增强互动

创作者可以在短视频标题中抛出有讨论性的观点或话题，然后采用设问或反问句式，如"大家觉得怎么样？""你赞成这种做法吗？""你有过这种经历吗？"等，引导用户参与讨论，增加与用户之间的互动。

（6）戳中痛点

人们观看短视频，除了娱乐消遣外，还能学习知识和技能，解决在现实生活中遇到的问题。那些在生活中遇到的暂时还未能解决的问题就是用户的痛点。创作者可以在短视频中为用户提供这些问题的解决方案，并在标题中戳中用户的痛点，吸引他们关注。例如，"聚会的时候你是不是只会说'吃好喝好'？"戳中了人们在聚会场合被邀请讲话时不知说什么的痛点；又如"头发总是油腻腻的，到底该怎么办？"戳中了头发容易出油的用户群体的痛点。

（7）制造矛盾冲突

存在矛盾冲突的标题会让人们产生好奇心，创作者可以在标题中提供两个完全不同甚至对立的观点和事实，以吸引用户观看短视频。例如，"未来5年，租房好还是买房好？"。

📑 **经验之谈**

　　创作者在设计短视频标题时要注意控制字数，字数不要太多，在手机屏幕上占1行到2行比较适宜，否则会影响用户的视觉体验。另外，不要做"标题党"，标题切忌和内容不符，或断章取义、严重夸张，以免引起用户的反感，不利于短视频的营销。

🖐 **动手做**

　　请同学们拍摄一条短视频，并设计封面与标题。封面要求画面清晰、突出主题。标题可采用以上某种或几种设计方法，要求新颖、有吸引力。最后由老师点评，并将优秀作品分享给其他同学。

任务三　撰写短视频脚本

　　虽然短视频的时长较短，但是如果毫无头绪地去拍摄，很有可能会出现问题。小艾认为，创作者要先撰写短视频的脚本，再依据脚本去拍摄和剪辑。短视频的脚本可以指导整个短视频的拍摄和后期剪辑制作，具有统领全局的作用。撰写短视频脚本有助于提高短视频的创作效率和创作质量。

👤 活动一　做好前期准备

　　小艾以前从没有写过短视频脚本，不知道如何下笔，她决定先梳理思路再着手撰写。在撰写短视频脚本的前期准备阶段，创作者要从以下几个方面来确定短视频的创作思路。

1. 搭建框架

　　撰写脚本之前，创作者要从拍摄主题、故事线索、人物关系、场景选择等方面搭建脚本框架，先在心中将短视频的画面串联起来，根据目标用户的特征有针对性地选择脚本文案的风格。

2. 做好定位

　　创作者要做好脚本的主题定位，即脚本要表现的故事有何深意，想反映什么主题，采用怎样的内容表达形式。例如，拍摄剧情类短视频，其主题是一家人之间的亲情，采用真人分饰角色的表现形式。

3. 确定人物

创作者要设计好人物，明确人物之间的关系、剧情发展的脉络等，同时掌握短视频主题的基调，然后根据主题基调来塑造人物性格。

4. 确定时间

创作者要提前确定好拍摄时间，如果有专门的摄影师，要与摄影师约定好时间，以免影响拍摄进度。确定好拍摄时间后，创作者还要制定拍摄的实施方案，以免出现拍摄进度缓慢等问题。

5. 确定地点

拍摄地点和拍摄场景也非常重要，创作者需要提前确定是室内场景还是室外场景，是街拍、棚拍还是绿幕抠像。例如，娱乐剧情类短视频适合在室内场景拍摄，可以选择客厅、餐厅、寝室等。

6. 选择背景音乐

背景音乐也是短视频的重要组成部分，配合场景选择合适的背景音乐是非常关键的。例如，拍摄亲子故事时，可以选择儿歌、快节奏的背景音乐；拍摄中国风场景时，可以选择节奏偏慢、唯美的背景音乐。

👤 活动二　撰写拍摄提纲

拍摄提纲是指短视频的拍摄要点，对拍摄内容起提示作用，适用于一些不易掌控和预测的内容，如新闻纪录片和剧情故事片。如果短视频拍摄存在很多不确定性因素，就需要创作者提前将预期拍摄的要点一一列举出来。在拍摄故事片时，有的场景无法预先进行分镜头处理，创作者就要根据拍摄要点撰写出拍摄提纲，以供摄影师在拍摄现场灵活处理。

撰写短视频拍摄提纲主要分为以下几步。

第1步：选题阐述，明确作品的选题、立意和创作方向。

第2步：视角阐述，呈现选题的角度和切入点。

第3步：体裁阐述，阐述不同体裁的表现技巧和创作手法。

第4步：风格、画面、节奏的阐述，阐述作品的构图、光线和拍摄角度，呈现画面的风格、色调、影调，以及如何把握外部节奏和内部节奏。

第5步：内容结构阐述，对拍摄内容结构层次的阐述要清晰，要让运营团队看过以后迅速明白作品的层次、段落、过渡和重点。

第6步：完善细节，补充剪辑、音乐、解说、配音等内容。

表2-1所示为"大学生毕业季"短视频的拍摄提纲。

表2-1　"大学生毕业季"短视频的拍摄提纲

步骤	具体阐述
主题	在毕业季，毕业生结束了大学校园生活，面对离别，心中有太多的感慨与不舍，然而毕业不是青春的结束，而是青春的续航，毕业了，请带着在大学里的收获，怀揣梦想，拥抱新生活
视角	从大学生活的各个场景入手，通过对生活、学习、活动不同侧面的刻画，反映难忘的校园生活
体裁	真人演绎、纪录型短视频
风格	带有离别的忧伤，更充满对新生活的希望与渴望
内容结构	场景一：一群身穿学士服的毕业生从四面八方走来，站直，拍毕业照 场景二：骄阳似火的七月，几位同学在操场跑道上赛跑 场景三：辩论赛上，两位辩手唇枪舌剑 场景四：空荡的教室，写满毕业送别话语的黑板
细节	音乐《远方的路》

活动三　撰写分镜头脚本

分镜头脚本主要是以文字的形式直接表现不同镜头的短视频画面。分镜头脚本的内容精细，能够表现创作者前期构思时对短视频画面的构想，可以将文字内容转换成用镜头直接表现的画面。

分镜头脚本是对短视频的总体设计，也是拍摄蓝图。创作者不仅要对短视频所有镜头的变化和连接进行设计，还要对每个镜头的声音、时间等所有构成要素做出精准的设定。分镜头脚本撰写起来比较耗时耗力，对画面要求比较高，故事性很强，适用于剧情类的短视频创作。

分镜头脚本主要包括以下内容。

- 将文字脚本的画面内容加工成具体、形象的可供拍摄的画面镜头。
- 确定每个镜头的景别，如远景、全景、中景、近景、特写等。
- 把需要拍摄的镜头排列组合成镜头组，并说明镜头组连接的技巧。
- 用精练、具体的语言描述出要表现的画面内容，可以借助图形和符号来表达。
- 撰写相应镜头组的解说词。
- 写明相应镜头组或段落的音乐与音响效果。

撰写分镜头脚本时，创作者通常将所涉及的项目制作成表格的形式，然后按照期望的短视频成片效果将具体的内容填入表格中，供拍摄和后期剪辑时参照。

分镜头脚本的项目主要包括镜号、拍摄手法、景别、分镜头长度、画面内容、台词、背景音乐等内容，具体要根据情节而定。例如，某美食类短视频的分镜头脚本如表2-2所示。

表2-2　分镜头脚本

镜号	拍摄手法	景别	分镜头长度	画面内容	台词	背景音乐
1	固定镜头	中景	3秒	主播朝镜头打招呼	想要消费少，还想吃到饱，这种好事真的有吗？	轻快愉悦的背景音乐
2	固定镜头	中景	1秒	主播站在桌子旁	这还真有。	轻快愉悦的背景音乐
3	推镜头	近景	1秒	拿出某品牌的凉皮	就是它，××凉皮。	轻快愉悦的背景音乐
4	推镜头	特写	4秒	展示凉皮的营养成分表	××凉皮使用××精粉制作，精选多种纯天然原材料，纯手工制作。	轻快愉悦的背景音乐
5	固定镜头	近景	1秒	黑幕+文字解释	真的物超所值。	轻快愉悦的背景音乐
6	固定镜头	中景	4秒	回到主播正面	××凉皮有多种口味，能满足不同人群的需求。	轻快愉悦的背景音乐
7	推镜头	近景	4秒	拆包的过程	这个凉皮包装很严实，拆包也非常轻松。	轻快愉悦的背景音乐
8	摇镜头	中景	2秒	拌好的凉皮成品	我们拆开凉皮把它拌一下。	轻快愉悦的背景音乐
9	摇镜头	特写	4秒	把拌好的凉皮用筷子夹起来在镜头前展示	这个凉皮清爽的味道冲进我的鼻腔里了。	轻快愉悦的背景音乐
10	固定镜头	特写	4秒	慢镜头下凉皮的抖动	大家看，每根凉皮互不粘连，就像刚做出来一样新鲜。	轻快愉悦的背景音乐
11	固定镜头	中景	6秒	主播面向镜头讲解	××凉皮从原材料选购到生产加工，再到后期包装都追求完美，力求品质卓越，但价格相当实惠哦！说了这么多我先吃为敬。	轻快愉悦的背景音乐

续表

镜号	拍摄手法	景别	分镜头长度	画面内容	台词	背景音乐
12	固定镜头	中景	5秒	主播吃一口凉皮，吃完后说	有点辣！吃不了辣的小伙伴辣椒油少放一点！哎，要是有一根黄瓜那就完美了！	轻快愉悦的背景音乐
13	固定镜头	中景	2秒	主播擦了擦嘴巴说	这一款可以带到办公室当作午餐。	轻快愉悦的背景音乐
14	固定镜头	中景	3秒	主播把大包装的凉皮拿到桌面上	如果是在家里，这种大包装的性价比会更高！	轻快愉悦的背景音乐
15	固定镜头	全景	2秒	主播摆手，说再见	今天就到这里，我们下期见！	轻快愉悦的背景音乐

 知识窗

短视频的分镜头脚本主要有以下两种类型。

- **纯文字分镜头脚本**：将短视频的所有内容用文字的形式描述出来，是短视频创作中常用的脚本类型。
- **图文集合分镜头脚本**：直接将拍摄内容绘制成一幅幅分镜头画面，并在分镜头画面旁边添加相关的文字说明，是比较专业的脚本撰写方式。

 **知识窗**

👤 活动四　掌握撰写脚本的技巧

作为短视频创作的新手，小艾觉得撰写短视频脚本有一定的难度，她决定学习一些撰写脚本的技巧。

经过学习，她从3个方面掌握了撰写脚本的技巧。

1. 风格设计

撰写短视频脚本时，创作者可以将短视频的内容画面串联起来，从整体上展示出短视频的内容风格。设计短视频的内容风格时，创作者应注意以下几点。

（1）开场有亮点

短视频开场要有亮点，给用户眼前一亮的感觉，可以从画面、音效、特效等方面着手。只要开场能吸引用户，后面的内容再适当地制造冲突或设置剧情反转，就可以吸引用户看完整条短视频。

（2）剧情简单易懂

剧情类短视频的情节要简单易懂，逻辑清晰，节奏明快，避免让用户因无法理解情节而放弃观看。

（3）画面以近景为主

大部分短视频画面采用竖屏形式，所以在拍摄过程中近景使用得比较多，这就要求创作者在撰写脚本时以近景画面为主，以其他景别的画面为辅，保证为用户呈现清晰的内容。

（4）添加背景音乐与音效

在短视频中添加背景音乐更容易渲染情绪氛围，添加合适的音效可以增加内容的趣味性，提升用户的观看体验。

（5）设计转场

转场能让短视频的衔接更加流畅，常用的短视频转场效果包括橡皮擦擦除画面、用手移走画面、淡化和弹跳等。创作者在撰写短视频脚本时，设计转场可以提高剪辑的工作效率，提升短视频的画面品质。

2. 写作要求

创作者在撰写脚本时，要注意以下3点要求。

（1）内容有趣

短视频比较简短，撰写脚本时不用做过长的铺垫，内容要生动有趣，可以通过设置反转、制造冲突的剧情来吸引用户。

（2）结构紧凑

短视频的结构要紧凑，内容节奏要快，剧情信息点要密集，让用户有一直看下去的欲望。

（3）添加分镜图画

创作者在撰写故事性比较强的短视频脚本时，对于有些内容仅凭一段文字无法直观展示，这时可以适当添加分镜图画。例如，通过绘制几张主角或主要元素不变，只有场景变化的分镜图画，直观地表现出故事的连贯性。

3. 通用模板

在撰写短视频脚本时，为了保证内容的质量和完整性，创作者可以使用通用模板，如表2-3所示。

表2-3 短视频脚本的通用模板

短视频类型	通用模板	说明
娱乐剧情类	熟悉的场景＋反转＋再次反转	通常剧情反转的次数超过两次更能吸引用户反复观看
正能量类	故事情景＋金句＋总结	画面和背景音乐都应有一定的感染力，且内容要符合大众的价值观
技能分享类	提出问题＋解决方案＋展示总结	开头抛出一个问题，紧接着提出解决方案，最后做出总结
商品"种草"类	优质的商品＋亮点1＋亮点2＋亮点3＋总结	通过剧情引出商品，然后由短视频达人展示商品亮点，如适用的场景、明显的效果等，让用户心动，使其产生购买商品的欲望，最后向用户展示商品购买链接或品牌名称

素养小课堂

短视频内容的情感认同、价值认同、文化认同会在潜移默化中影响用户的精神世界。因此，创作者在策划短视频内容、撰写短视频脚本时，要坚持弘扬主旋律，传递正能量。

同步实训

实训一 撰写短视频的拍摄提纲

实训描述

作为一名短视频创作者，你要为某美食短视频账号撰写一份关于美食制作视频的拍摄提纲。本次实训要求同学们根据撰写短视频脚本的常见思路进行创作，根据制作水煮肉片的流程安排各个镜头。

操作指南

（1）确定短视频主题。本短视频的主题是菜品制作，属于美食制作或知识技巧类的短视频，以拍摄制作过程为主。

（2）选择角度和切入点。短视频一开场可以设置一个情境，如朋友来做客，主人以拿手好菜招待。

（3）确定体裁。该短视频的体裁为Vlog，主要记录制作美食的过程。

（4）确定风格、画面与节奏。短视频的风格要简洁轻快，画面色调亮丽，节奏较快，给人以轻松、愉快之感。

（5）明确内容结构。确定短视频的主要内容，包括准备食材、烹饪过程、成品等，让用户通过观看短视频学会制作水煮肉片。

（6）撰写脚本。明确拍摄提纲的主要项目后，撰写完整的拍摄提纲。

💬 **实训评价**

同学们完成实训后，撰写心得体会并提交给老师，老师按表2-4所示内容进行打分。

表2-4　实训评价

序号	评分内容	总分	老师打分	老师点评
1	是否确定了合适的短视频主题	10		
2	选择的角度和切入点是否合适	20		
3	短视频的体裁是否合适	30		
4	风格、画面和节奏是否合适	20		
5	短视频的内容结构是否完整	20		

👤 **实训二　撰写搞笑短视频的分镜头脚本**

📋 **实训描述**

作为一名短视频创作者，你要为某搞笑短视频账号撰写一个短视频分镜头脚本。你要仔细研判，找准该短视频账号的个人风格，撰写的脚本既要突出内容的搞笑性，又要符合账号的一贯风格。

✖ **操作指南**

（1）确定短视频的主题，主题可以是兄妹之间的斗智斗勇。

（2）确定短视频的主要内容。主要内容是兄妹之间的小故事：哥哥上班回到家，妹妹想向哥哥借钱，但又不好意思开口，就找各种借口，甚至用网上兄妹情深的故事来暗示哥哥，最终哥哥被感动得掏出来几百元，最后妹妹"原形毕露"，被哥哥追着讨回钱。

（3）确定分镜头脚本的主要项目，包括镜号、景别、拍摄手法、画面内容、台词、背景音乐和时长等。

（4）根据以上项目和故事的主要内容撰写分镜头脚本。

💬 实训评价

同学们完成实训后，撰写心得体会并提交给老师，老师按表2-5所示内容进行打分。

表2-5　实训评价

序号	评分内容	总分	老师打分	老师点评
1	是否确定了合适的短视频主题	20		
2	是否具备根据主题确定短视频主要内容的能力	20		
3	是否设计了合适的分镜头脚本项目	30		
4	是否可以独立撰写分镜头脚本	30		

项目总结

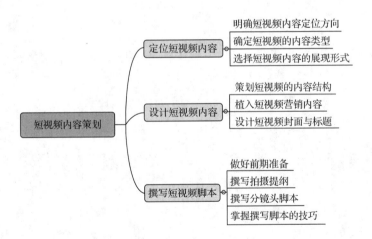

项目三
拍摄与剪辑短视频

职场情境

　　拍摄与剪辑是创作短视频的重要环节，也是实操性很强的环节。这一环节非常考验创作者的动手、动脑能力。小艾了解到，创作者需要运用恰当的拍摄技巧进行拍摄，以保证短视频的拍摄效果，然后还要做好短视频的后期剪辑，使短视频的内容更合理，画面更流畅，从而提高短视频的整体质量。在这一次制作短视频的过程中，小艾学习了短视频的拍摄与剪辑，个人独立制作短视频的能力明显提高。

学习目标

知识目标

1. 了解短视频拍摄设备。
2. 了解短视频的画面景别。
3. 了解短视频的画面构图方式。
4. 了解短视频的拍摄角度。
5. 了解短视频拍摄的运镜方式。
6. 了解短视频剪辑的基本原则。

技能目标

1. 学会选择拍摄短视频的画面景别。
2. 学会进行短视频画面构图。
3. 学会以合理的角度进行拍摄。
4. 灵活掌握各种运镜方式。
5. 掌握各种短视频剪辑技巧。

素养目标

1. 在拍摄短视频时提高个人审美观，弘扬社会主流价值观。
2. 在拍摄与剪辑短视频的过程中发扬新时代工匠精神，精益求精。
3. 在剪辑短视频时要有全局意识，找准节奏，换位思考，以引发用户共鸣。

任务一 拍摄短视频

　　小艾所在的团队为了拍摄短视频，早已购置了相应的短视频拍摄设备，而小艾为了拍好短视频，也开始学习拍摄设备的使用方法，并了解选择景别、构图方式、拍摄角度、运镜方式等方面的知识与技巧。

👤 活动一　准备短视频拍摄设备

　　创作者在拍摄短视频之前要准备好拍摄设备，如手机、相机、无人机等，本书主讲使用手机拍摄短视频。为了拍出高质量的短视频，小艾及其所在的团队除了配置了高像素的手机以外，还准备了必要的辅助设备，包括稳定设备、录音设备、补光设备等。

1. 手机

小艾觉得，用手机拍摄短视频看似简单，但要想拍出令人耳目一新的短视频并非易事。使用手机拍摄短视频，首先需要了解手机的拍摄性能及拍摄原理等。随着手机摄像头技术的发展，手机上的摄像头也从原来的单摄发展为双摄、三摄、四摄，甚至五摄，镜头也有广角镜头、超广角镜头、长焦镜头、人像镜头、微距镜头等，运用不同的摄像头可以拍出不一样的内容。

要想拍好短视频，创作者在选择手机时要注意以下两点。

（1）高刷新率的屏幕

目前普通5G手机的标配是90Hz刷新率，还有一些手机采用了120Hz刷新率的屏幕，甚至有些手机还采用了高达144Hz刷新率的屏幕。采用60Hz刷新率屏幕的手机一秒能刷新60幅画面，采用90Hz刷新率屏幕的手机一秒能刷新90幅画面。刷新率越高，人眼感知到的效果越流畅且连贯，同时高刷新率的屏幕还能够极大改善图像显示时出现的抖动等情况，带给用户更好的观看体验。这种体验贯穿于大部分使用场景，有利于短视频的录制及后期创作。

另外，屏幕素质也是拍摄短视频时需要考虑的因素，较高的屏幕分辨率能够带来更清晰的显示效果，对于短视频录制完成后的查看及后期剪辑也能起到良好的作用。需要注意的是，创作者在考虑高刷新率和高分辨率的同时，要解决其对手机续航的影响。

（2）高性能

手机的影像性能对短视频的拍摄有着很大的影响。例如，影像系统中的传感器性能、素质、焦段搭配等会影响短视频的清晰度和质量等，也关系到创作者视频拍摄可能涉及的场景，如白天还是晚上，室内还是户外，拍摄人物多还是景物多等。

除此以外，处理器、内存、闪存等手机的综合硬件性能在短视频拍摄过程中也有不容忽视的作用。另外，用手机拍摄短视频时还需要手机具备防抖功能，最好还有剪辑软件。

2. 稳定设备

稳定设备主要有脚架、稳定器等。

（1）脚架

脚架由可伸缩的支架和云台组成，云台一般由快装板和水平仪组成，借助云台可以完成一些推镜头、拉镜头、升镜头、降镜头的动作，提升短视频画质，更好地完成拍摄任务。常见的脚架主要有独脚架和三脚架两种，如图3-1所示。有的三脚架具有扩展功能，支持安装补光灯、机位架等。

（2）稳定器

稳定器的应用在短视频拍摄中十分普遍。拍摄者在拍摄移动镜头时，通常使用稳定器来保证画面的稳定，并锁定视频中的主角。手机稳定器通常分为单手持稳定器、带脚架稳定器，如图3-2所示。

图3-1 脚架

图3-2 稳定器

如今手机稳定器的功能不断增加，在手机上安装稳定器所对应的App并连接稳定器后，拍摄者可以在拍摄过程中使用稳定器控制手机进行拍摄，包括使用变焦功能、调整画面亮度、放大或缩小画幅、一键切换横竖拍、智能跟随、使用旋转模式、延时摄影等。

3. 录音设备

声音也是短视频的重要组成部分，无论是使用手机拍摄，还是使用单反相机拍摄，拍摄者要想提升音质，都要选择合适的录音设备，一般采用话筒和智能录音笔。

（1）话筒

话筒主要分为无线话筒和指向性话筒，不同的话筒适用于不同的拍摄场景。无线话筒一般适用于现场采访、在线授课、视频直播等环境，而指向性话筒更适用于一些现场收声的环境，如微电影录制、多人采访等，如图3-3所示。

（2）智能录音笔

智能录音笔是基于人工智能技术，集高清录音、录音转文字、同声传译、云端存储等功能于一体的智能硬件设备，其体积较小，适合日常携带。智能录音笔可以将录音实时转为文字，在录音结束后即时成稿，方便后期进行字幕处理工作，如图3-4所示。

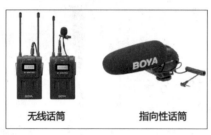

无线话筒　　　　指向性话筒

图3-3　话筒

图3-4　智能录音笔

4. 补光设备

拍摄短视频时光线十分重要，好的光线可以有效提高短视频的画面质量。当环境光和自然光不能满足需求时，就需要使用补光设备。补光设备主要包括闪光灯、LED补光灯和反光板。

（1）闪光灯

闪光灯是手机自带的功能，在拍摄短视频时可以用作补光灯。一般来说，如果被摄主体需要光线，并且距离比较近时，可以尝试使用手机上的闪光灯。手机上的相机和闪光灯可以同时工作，在拍摄短视频时打开闪光灯功能即可。拍摄者还可以选用专业的闪光灯为短视频拍摄提供更加理想的光源。

（2）LED补光灯

LED补光灯较闪光灯的亮度更弱，但LED补光灯属于长明灯，亮度稳定，一些高端LED补光灯还可以提供稳定的可调色温，可以胜任人像、静物、微距的拍摄，如图3-5所示。

图3-5　LED补光灯

LED补光灯大致分为便携LED补光灯、手持LED补光灯和影视专业LED补光灯等。选择LED补光灯的标准主要是看其显色性是否准确，是否能够调整色温，以及亮度是否够用等。

（3）反光板

反光板是利用自然光的反射对被摄主体进行补光，多用于人像和静物的拍摄。反光板非常轻便且补光效果好，在室外可以起到辅助照明的作用，有时也可以作为主光源，如图3-6所示。

图3-6　反光板

反光板分为两种，即硬反光板和软反光板。硬反光板是一种高度抛光的银色或金色反射光源的平面，在室外的使用效果非常好，它可以复制主要光源，通常用于拍摄设备与被摄主体距离较远或日光微弱等情况。硬反光板价格比较高，所以除了专业摄影外，日常拍摄使用比较多的是软反光板。光线在软反光板平面上产生漫反射，让光源被柔化并扩散到一个更大的区域，从而创造出与扩散光源类似的效果。

👤 活动二　选择拍摄画面景别

景别是指由于拍摄设备与被摄主体的距离不同，被摄主体在画面中所呈现出的范围大小的区别。一条短视频需采用多种景别拍摄才能让用户从不同视点去观看，使其产生身临其境之感。

景别主要包括特写、近景、中近景、中景、全景和远景6种类型。小艾觉得，团队要根据短视频内容的需要和主次程度来选择恰当的景别。

1. 特写

特写是指表现人物的面部、人体的某一局部、一件物品的某一细节的镜头，如图3-7所示。特写的画面内容比较单一，可以起到放大形象、强化内容和突出细节的作用。一些特写镜头还具有某种象征意义，用于体现被摄主体的重要性。

图3-7　特写

在表现人物角色时，特写可以突出人物角色的面部表情和细节动作，使用户更容易理解人物角色的性格、内心活动和复杂的人物关系。

拍摄人物特写画面时，拍摄者应注意以下几点。

- 注意人物眼睛的注视方向，不要使画面中出现大量眼白。
- 拍摄面部特写要注意人物的脸型和五官的特点，以免瑕疵影响画面效果，可通过补光、道具遮挡或美颜的方式进行调整。
- 拍摄时，镜头要与人物的眼睛齐平。
- 拍摄特写多采用前侧光、逆光结合正面补光，使画面更具立体感和空间感。

2. 近景

近景是指拍摄人物胸部以上的画面，着重表现人物的面部表情，传达人物的内心世界，是刻画人物性格最有力的景别，如图3-8所示。

图3-8　近景

在近景画面中，环境空间被淡化，处于陪体地位。在很多情况下，拍摄者利用一定的手段将背景虚化，这时背景中的各种造型元素都只有模糊的轮廓，这样有利于更好地突出主体。

拍摄近景画面时，拍摄者应注意以下两点。

- 对人物进行更加细致的造型，注意化妆、服装、道具等细节工作。
- 将镜头聚焦在人物面部，通过五官表达人物的悲欢情绪及内心活动。

3. 中近景

中近景的取景范围介于中景和近景之间，用于表现人物腰部以上的活动，如图3-9所示。中近景有利于展示人物的上半身，尤其是头部动作和面部神情，可以更好地拉近用户与人物之间的视觉和心理距离，增强现场感、亲切感和交流感。

图3-9　中近景

4. 中景

中景是指拍摄人物膝盖以上部分或局部环境的画面，如图3-10所示。中景既照顾到了人物的表情，又交代了人物活动的环境，是叙事功能很强的一种景别，在短视频拍摄中使用较多。短视频在表现人物身份、动作及动作的目的，甚至多人之间的人物关系的镜头，以及包含对话、动作和情绪交流的场景时都可以使用中景。

图3-10 中景

拍摄中景画面时,拍摄者应注意以下4点。

- 镜头最好与人物的腰部齐平,这样拍出的效果更自然。
- 中景画面要包含人物的手部动作和周围的道具,以更好地表现其内心活动或形体特征。
- 控制好画面背景,以更好地渲染气氛,烘托人物,但切忌喧宾夺主。
- 注意横屏和竖屏的选择。拍摄中景画面时,如果使用横屏拍摄,画面会更有空间感;如果使用竖屏拍摄,画面会更紧凑和饱满。

5. 全景

全景是指拍摄人物全身形象或场景全貌的画面,体现人物形象和事物的完整性,具有描述性、客观性的特点,多用于塑造人物形象和交代环境,展现人物与环境之间的关系,如图3-11所示。全景画面能够完整地表现人物的行为动作,可以反映人物的内心情感、性格和心理状态。

图3-11 全景

拍摄全景画面时,拍摄者应注意以下两点。

- 画面中人物的头脚要展示完整,头部以上留有一定的空间,给用户视觉舒适感。
- 全景镜头要作为短视频某段内容的主镜头或关键镜头,引出后面的剧情,涉及后面的一系列中景、近景或特写镜头,使内容更完整、脉络更清晰。

6. 远景

远景是指拍摄远距离的人物和景物，表现广阔深远的景象的画面。远景画面重在渲染气氛、抒发情感、交代背景等。

远景可以细分为大远景和远景。大远景通常用于拍摄空间景物，如遥远的风景，人物在其中占的面积非常小，甚至画面中不出现人物。大远景可以表现空间的范围和广度，交代空间关系，多用于片头或片尾，如图3-12所示。

远景的拍摄距离稍微近一些，被摄主体的高度比大远景中的高度有所增加，但也不超过镜头中画面高度的一半，只能隐约分辨其轮廓，看不清楚细节，更强调空间的具体感和被摄主体在空间中的位置感，实现借景抒情的效果，如图3-13所示。

图3-12　大远景　　　　　　　　图3-13　远景

拍摄远景画面时，拍摄者应注意以下4点。

- 在拍摄远景时，可通过布光或声音等技巧提示用户主角入场。
- 在构图时，可以设置一个带框架的空间，将用户的注意力聚集到该空间中的主角身上。
- 远景通常包含多景物和多背景，在其中放入两个以上的人物，能够增加远景的景深，使视频画面既有立体感，又有平面感。
- 注意远景的使用位置，可以放在短视频的开始、过渡处或结尾。

👤 活动三　选择画面构图方式

在拍摄短视频时，除了画面的景别，拍摄者还要掌握画面构图方式。小艾了解到，运用以下构图方式来表现短视频的主题，可以增强画面的表现力和感染力。

1. 九宫格构图

九宫格构图是指将整个画面在横竖两个方向上各用两条直线等分成9个部分，把被摄主体放置在任意两条直线的交叉点上，如图3-14所示。这种构图方式能够凸显被摄主体的美感，使整个短视频画面显得更生动形象。

2. 中心构图

中心构图是指将被摄主体放到画面中心，如图3-15所示。这种构图方式最大的优点在于被摄主体突出而明确，可以获得左右平衡的画面效果。在使用中心构图时，拍摄者要调大被摄主体占据拍摄画面的比例，同时使用简洁或与被摄主体反差较大的画面背景，以更好地烘托被摄主体，表现其特征。

图3-14 九宫格构图

图3-15 中心构图

3. 框架式构图

框架式构图是指利用有形的景物或者抽象的光影处理为画面设置前景，形成具有遮挡感的框架，如图3-16所示。这种方式有利于增强画面的空间感，引导用户注意框架内的被摄主体，给人一种窥视的感觉，使用户对画面充满好奇，刺激用户的观看兴趣。可以用作框架的事物有门、树枝、窗户、拱桥、镜子、阴影等。

4. 对角线构图

对角线构图是指被摄主体沿画面对角线方向排列，从而表现出很强的动感、不稳定性或生命力，拍摄出来的画面有很好的纵深效果和透视效果，可以给用户更加饱满的视觉体验，如图3-17所示。

图3-16 框架式构图

图3-17 对角线构图

5. 水平线构图

水平线构图是以景物或物体的水平线作为参考来进行构图。由于水平线本身具有稳定性，所以可以给用户留下一种宽阔、稳定、和谐的感觉，如图3-18所示。

6. 垂直线构图

垂直线构图是指画面以垂直线条为主，充分展示景物或物体的高大、深度或秩序，给人一种平衡、稳定、雄伟的感觉，如图3-19所示。在采用这种构图方式时，拍摄者要让画面的布局疏密有度，使画面有新意且富有节奏。

图3-18　水平线构图

图3-19　垂直线构图

7. 三角形构图

三角形构图是指将画面中的景物按照三角形的结构进行构图拍摄。这种构图方式可以突出画面的稳定感，给人以平稳、均衡的视觉效果，如图3-20所示。

8. 对称构图

对称构图就是呈现出来的画面是对称的，可以是左右对称的，也可以是上下对称的，多用于对称建筑与水平倒影的拍摄，如图3-21所示。这种构图方式可以让画面布局更加规整，营造出一种肃穆的平衡感。

图3-20　三角形构图

图3-21　对称构图

 知识窗

拍摄者了解短视频构图的结构元素，可以更好地选择短视频画面的构图方式。短视频构图的结构元素主要包括被摄主体、陪体和环境。

- **被摄主体**：被摄主体指短视频的主角，是内容表现的重点，也是内容主题的载体，还是画面构图的结构中心。
- **陪体**：陪体指在画面中与被摄主体有紧密联系或者辅助被摄主体表达主题的对象。
- **环境**：环境指围绕着被摄主体和陪体的环境，包括前景、后景、留白3个部分。

 知识窗

活动四　选择拍摄角度

小艾了解到，在拍摄短视频时，对同一拍摄对象而言，不同方向、不同角度的拍摄会产生不同的画面结构，从而给用户带来截然不同的视觉感受。

拍摄角度的选择涉及3个方面，即拍摄视角、拍摄方向和拍摄高度。这3个方面决定了摄影机的机位选择。摄影机的机位选择是完成拍摄构图的先决条件，摄影机机位的变化会引起画面构图的变化。

1．拍摄视角

拍摄视角从心理层面对拍摄角度进行区分，包括客观性角度和主观性角度。

（1）客观性角度

客观性角度是指依据人们日常生活中的观察习惯而采取的旁观式拍摄角度，是短视频最常用的拍摄角度。采用客观性角度拍摄出的画面更贴近生活，更易于被用户接受。

（2）主观性角度

主观性角度是一种模拟画面主体的视点和视觉印象进行拍摄的角度。主观性角度追求的是主观表现性，可以营造不同寻常的画面效果和出人意料的视觉感受。从主观性角度拍摄出的画面更容易调动用户的参与感，吸引用户的注意力，引发用户强烈的共鸣。

2．拍摄方向

拍摄方向是指以被摄主体为中心，在被摄主体同一水平面的四周位置选择的摄影点。在拍摄距离和拍摄高度不变的基础上，不同的拍摄方向可以形成不同的构图方式，展现被摄主体不同的侧面形象，以及被摄主体与陪体、被摄主体与环境的不同组合关系变化。

（1）正面方向

拍摄者选择正面方向拍摄时，摄影机的镜头在被摄主体的正前方。正面方向拍摄可以更好地表现被摄主体的正面特征。例如，正面拍摄人物时，能够展现出人物完整的面部特征和表情，人物和用户可以面对面交流，增强用户的代入感、参与感，如图3-22所示。

（2）侧面方向

拍摄者选择侧面方向拍摄时，摄影机的镜头与被摄主体的正面呈90°，如图3-23所示。如果被摄主体的正面轮廓不如侧面轮廓鲜明、清晰，拍摄者可以选择侧面方向进行拍摄。侧面方向拍摄能够表现人物之间的交流、冲突或对抗，强调人物交流中双方的神情，并兼顾其活动以及双方的平等关系。

图3-22　正面方向

图3-23　侧面方向

（3）斜侧面方向

拍摄者选择斜侧面方向拍摄时，摄影机的镜头在被摄主体的正面、背面和正侧面以外的任意一个水平方向。

斜侧面方向拍摄既可以表现被摄主体正面的细节，又可以表现一部分被摄主体侧面的特征，如图3-24所示。同时，斜侧面方向拍摄既有利于安排被摄主体和陪体，分出主次关系，又有利于调度和取景，所以是拍摄中运用最多的一种拍摄方向。

（4）背面方向

拍摄者选择背面方向拍摄时，摄影机的镜头在被摄主体的背后，即正后方。背面方向拍摄可以让用户产生与被摄主体的视线相同的主观效果，使用户产生参与感，如图3-25所示。很多展示现场的画面经常采用背面方向拍摄，能够给人以强烈的现场感。

图3-24　斜侧面方向

图3-25　背面方向

3. 拍摄高度

拍摄高度是指摄影机镜头与被摄主体在垂直平面上的相对位置或相对高度，这种高度的相对变化形成了平角拍摄、俯角拍摄和仰角拍摄3种不同情况。

（1）平角拍摄

拍摄者选择平角拍摄时，摄影机的镜头与被摄主体处于同一水平线，视觉效果与日常生活中人们观察事物的正常情况相似，被摄主体不易变形，可以给人留下平等、客观、公正、亲切、冷静的感觉，画面的真实感强，如图3-26所示。在处理平角拍摄的画面时，拍摄者要重点考虑地平线，一般情况下要避免地平线平均分割画面，以免压缩远近景物，使画面显得既呆板又单调。

图3-26 平角拍摄

（2）俯角拍摄

拍摄者选择俯角拍摄时，摄影机的镜头会高于被摄主体水平线，形成一种自上往下、由高到低的俯视效果，如图3-27所示。

图3-27 俯角拍摄

俯角拍摄适合表现开阔的景色、规模宏大的场面和景物的曲线构图。俯角拍摄会把前后景都呈现出来，前景大，后景小，有利于表现画面的纵深感和物体的立体感。有些制作美食的短视频画面就是采用俯角拍摄的。

（3）仰角拍摄

拍摄者选择仰角拍摄时，摄影机的镜头低于被摄主体水平线，形成一种从下往上、由低到高的仰视效果，如图3-28所示。

图3-28 仰角拍摄

仰角拍摄使地平线处于画面下端或从下端出画，常用于表现以天空或某种特定物体为背景的画面，可以净化背景，达到突出被摄主体的目的。在表现被摄主体时，仰角拍摄的画面往往带有赞颂、敬仰等感情色彩，常用于表现崇高、庄严、伟大等气概和情绪。

经验之谈

仰视的角度越大，被摄主体的变形效果越夸张，带来的视觉冲击力越强。如果想要增加这种畸变的视觉效果，可以使用广角镜头进行拍摄。

活动五　选择运镜方式

小艾觉得，要想拍摄出动感强、节奏好的短视频，不能单纯依靠拍摄静止的画面，还需要灵活运用运动镜头。

运动镜头是指通过机位、焦距和光轴的变化，在不中断拍摄的情况下形成视角、场景空间、画面构图、表现对象的变化。拍摄短视频常用的运镜方式主要有以下几种。

1. 推镜头

推镜头是指摄影机向被摄主体的方向推进，或者变动镜头焦距，使画面框架由远及近地向被摄主体不断接近的镜头。随着摄影机的前推，画面经历了远景、全景、中景、中近景、近景、特写的完整或不完整的过程，且必然是连续的变化过程。

被摄主体的位置决定了推镜头的推进方向，所以在镜头推进的过程中，画面构图要始终保持被摄主体在画面结构中心的位置，如图3-29所示。推镜头的主要作用是突出被摄主体，使用户的注意力相对集中，视觉感受得到加强。它符合人们在实际生活中由远及近、从整体到局部、由全貌到细节的观察事物的过程，所以镜头的说服力很强。

图3-29　推镜头

推镜头的推进速度可以影响和调整画面的节奏，从而产生外化的情绪力量。缓慢、平稳地推进可以表现安宁、幽静、平和、神秘等氛围；急剧而短促地推进可以表现紧张、不安、激动、愤怒等情绪，尤其是急推，画面急剧变动后迅速停止，被摄主体快速变大，画面的视觉冲击力大，可以产生震惊和醒目的效果。

2. 拉镜头

拉镜头是指摄影机逐渐远离被摄主体，或者变动镜头焦距，使画面框架由近及远地与被摄主体拉开距离的镜头。拉镜头画面常用于表现空间的扩展，取景范围逐渐变大，被摄主体逐渐变小，在视觉上会给人一种退出感和谢幕感，常用于某一画面的末尾。

此外，拉镜头还可以把被摄主体重新纳入特定的环境，提醒人们注意被摄主体所处的环境，以及被摄主体与环境之间的关系变化等，如图3-30所示。

图3-30　拉镜头

3. 移镜头

移镜头是指摄影机沿水平面进行各个方向的移动拍摄，类似于生活中人们边走边看的状态，因此被摄主体的背景或前景总是在变化。移镜头具有完整、流畅、富于变化的特点，能够开拓画面的空间，适合表现大场面、大纵深、多景物、多层次的复杂场景，能展现各种运动条件下被摄主体的视觉艺术效果，而且可以让人产生身临其境之感，如图3-31所示。

图3-31　移镜头

4. 摇镜头

摇镜头是指不移动摄影机的位置，借助摄影机的活动底盘，使镜头上旋转、下旋转、左旋转、右旋转拍摄，好像人的目光顺着一定的方向巡视被摄主体。摇镜头分为左右摇镜头和上下摇镜头。左右摇镜头常用来表现大场面，上下摇镜头常用来表现被摄主体的高大、雄伟。摇镜头通过将画面向四周扩展，突破了画面框架的空间局限，扩大了视野，创造了视觉张力，让整个画面更加开阔，可以将用户迅速带到特定的故事氛围中，如图3-32所示。

图3-32　摇镜头

5. 升降镜头

升降镜头是指摄影机借助升降装置一边升降一边拍摄，升降运动带来了画面范围的扩展和收缩，形成了多角度、多方位的构图效果。

升镜头是指镜头向上移动形成俯视拍摄，以展示广阔的空间，如图3-33所示。降镜头是指镜头向下移动进行拍摄，多用于拍摄大场面，营造气势，如图3-34所示。

图3-33　升镜头

图3-34　降镜头

6. 跟镜头

跟镜头属于移镜头的范畴，但它与移镜头的不同之处在于摄影机镜头始终跟随被摄主体，方向不定，而移镜头一般保持水平方向的运动。跟镜头既能突出运动中的被摄主体，又能表现被摄主体的运动方向、速度、体态及其与环境之间的关系，使被摄主体的运动保持连贯，有利于展示被摄主体的动态形态，而人们的视点在画面内跟随被摄主体移动，可以产生一种强烈的现场感和参与感，如图3-35所示。

图3-35 跟镜头

7. 甩镜头

甩镜头属于摇镜头的范畴，是指摄影机只通过上下或左右的快速移动或旋转来实现从一个被摄主体转向另一个被摄主体，多用于表现画面的急剧变化。甩镜头可用于表现人物视线的快速移动或者某种特殊的视觉效果，使画面有一种突然性和爆发力，如图3-36所示。

图3-36 甩镜头

8. 环绕运镜

环绕运镜以被拍摄主体为中心环绕点，摄影机围绕被摄主体进行环绕运镜拍摄。环绕运镜有多种环绕方式，如圆形环绕、椭圆环绕、半环绕等。运用环绕运镜拍摄，可以突出主题，让画面富有动感，如图3-37所示。

图3-37 环绕运镜

素养小课堂

要想创作出贴近时代、紧跟潮流、生动鲜活的短视频作品，创作者团队必须有工匠精神，从前期创意到视频拍摄，再到后期制作，每一个步骤都要做到尽善尽美、精益求精。工匠精神是一种职业态度和精神理念，是从业人员的一种职业价值取向和行为表现，更是一种信念、一种力量，这种信念和力量会催人奋进、助人成长。

任务二　剪辑短视频

要想创作出优质的短视频作品，剪辑短视频是非常重要的一步。剪辑短视频就是将拍摄好的素材进行筛选、分解与连接，形成一个完整作品的过程。在移动端剪辑工具中，抖音开发的剪映App备受用户喜爱，它功能强大，简单易学。小艾的同事在拍摄完一些短视频素材后，请小艾进行剪辑，小艾决定使用剪映App来剪辑短视频。

活动一　了解短视频剪辑的基本规则

剪辑短视频需要遵循一定的规则，小艾决定在剪辑短视频之前先了解这些基本规则，以防止在剪辑过程中出现问题。通常情况下，短视频剪辑的基本规则如下。

1. 镜头组接符合逻辑

剪辑师在剪辑短视频时，要使镜头组接符合生活逻辑和思维逻辑，如果不符合逻辑，用户就可能看不懂。因此，拍摄团队在拍摄前期就应规划好大概的剪辑方向，明确短视频的主题。在这个基础上，剪辑师在剪辑时就可以根据主题和用户的心理需求选用合适的镜头，将其组接到一起。

2. 景别变化循序渐进

在剪辑某个场面时，景别的变化不宜过大，否则镜头组接起来就不太自然，而如果景别变化过小，同时拍摄角度变化不大，镜头组接后的效果也会很差。因此，剪辑师在剪辑短视频素材时，要循序渐进地变换不同景别的镜头，形成顺畅的连接。循序渐进的景别变化镜头组接可以形成以下3种蒙太奇句型，如表3-1所示。

表3-1 蒙太奇句型

句型	说明
前进式句型	景物由远景、全景向近景、特写过渡，用于表现由低沉到高昂的情绪和剧情的发展
后退式句型	景物由近到远，用于表现由高昂到低沉的情绪，在剧情中表现由细节逐渐扩展到全貌的场景
环行句型	把前进式句型和后退式句型结合在一起使用，由全景向中景、中近景、近景、特写过渡，再由特写向近景、中近景、中景、远景过渡，也可反过来运用。环行句型表现情绪由低沉到高昂，再由高昂转向低沉

3. 镜头组接符合轴线规律

轴线规律是指拍摄和剪辑的镜头不能出现"跳轴"现象。在拍摄短视频时，如果摄影机的位置始终在被摄主体运动轴线的同一侧，那么被摄主体的运动方向就是一致的，否则就会产生"跳轴"现象。一般情况下，"跳轴"的镜头是无法组接的。因此，剪辑师在剪辑短视频时也要注意检查，删去"跳轴"的镜头，使用符合轴线规律的镜头进行组接。

4. 镜头组接遵循"动接动，静接静"规律

如果镜头中同一主体或不同主体的动作是连贯的，可以动作接动作，达到顺畅、简洁过渡的目的，即"动接动"。如果两个镜头中的主体动作不连贯，或者中间有停顿，那么这两个镜头的组接必须在前一个镜头主体做完一个完整动作停下来后，接一个从静止到开始的运动镜头，即"静接静"。

"静接静"组接时，前一个镜头结尾停止的片刻叫作"落幅"，后一个镜头运动前静止的片刻叫作"起幅"。落幅与起幅的时间间隔为1～2秒。

运动镜头和固定镜头组接也需要遵循这个规律。如果一个固定镜头要接一个摇镜头，则摇镜头开始时要有起幅；反之，一个摇镜头接一个固定镜头时，摇镜头结尾处要有落幅，否则画面会给人一种跳跃的观感。

5. 合理确定镜头组接的时间长度

每个镜头的时长首先要根据内容理解的难易程度和观众的接受能力来确定，其次还要考虑表3-2所示的3个方面。

表3-2 镜头组接时间长度的考虑因素

考虑因素	说明
景别	远景、全景等大景别画面包含的内容较多，要让观众看清楚画面内容，需要的时间就相对长一些。近景、特写等小景别画面包含的内容较少，观众只需较短时间就能看清，所以画面停留时间就相对短一些

续表

考虑因素	说明
亮度	在同一个画面中，亮度高的部分比亮度低的部分更能引起人们的注意。如果画面要表现亮的部分，镜头长度应短一些；如果画面要表现暗的部分，则镜头长度应长一些
动静	在同一幅画面中，动的部分比静的部分先引起人们的视觉注意。如果要重点表现动的部分，镜头长度要短一些；如果要重点表现静的部分，则镜头长度要适当长一些

6. 前后画面要统一

在剪辑短视频时，剪辑师要确保前后两个画面的分辨率统一，否则会让画面过于跳跃，影响观感；前后画面的画幅也要统一，以免让画面过于突兀；画面之间的影调、色彩也要统一，如果明暗、色彩对比过于强烈，可能会让人感到生硬、不连贯。

7. 把控镜头组接节奏

剪辑师在组接短视频镜头时，要把控镜头的数量和节奏，合理安排镜头组接顺序，从短视频要表达的内容出发来处理节奏问题。如果在一个宁静的环境中采用快节奏的镜头，就会让观众觉得突兀、跳跃，难以接受。

8. 选择音乐节点剪辑

在剪辑短视频时，剪辑师可以把剪辑点选择在音乐的节点上，并且通过景别和视角的变化来获得视觉上的节奏感。镜头运动要与音乐的旋律线和情感线吻合，以烘托画面气氛，渲染人物情绪。

👤 活动二　粗剪视频

下面先将视频素材依次导入剪映App，对视频素材进行粗剪，包括删除视频中无用的片段，对画面构图进行调整，调整视频速度、制作画面同框效果、设置视频防抖等操作，具体操作方法如下。

扫一扫

微课视频

步骤 01 打开剪映App，在下方点击"剪辑"按钮🎬，然后点击"开始创作"按钮，如图3-38所示。

步骤 02 进入"添加素材"界面，选中要添加的视频素材，点击"添加"按钮，如图3-39所示。

步骤 03 对素材进行修剪。首先用单根手指移动时间线，将时间指针定位到要分割素材的位置，然后点击视频素材将其选中，点击"分割"按钮▯，如图3-40所示。

图3-38　点击"开始创作"按钮

图3-39　点击"添加"按钮

图3-40　点击"分割"按钮

步骤 04 此时，即可将视频素材分割为两段。选中左侧不需要的部分，点击"删除"按钮▯，如图3-41所示。

步骤 05 点击轨道空白处取消选择视频素材，在工具栏中点击"比例"按钮▯，在打开的界面中选择所需的比例，在此选择"3∶4"，此时在预览区域可以看到画面上下出现了黑边，如图3-42所示。

步骤 06 在主轨道上选中视频素材，点击"编辑"按钮▯，在弹出的界面中点击"裁剪"按钮▯，如图3-43所示。

步骤 07 进入画面裁剪界面，拖动裁剪框上的加粗裁剪控制线可以自由裁剪画面尺寸，也可在下方选择不同的裁剪比例，按照所选比例进行画面的裁剪。在此选择"3∶4"，可以通过缩放或移动画面来调整裁剪区域，然后点击▯按钮，如图3-44所示。

步骤 08 在视频预览区域用两根手指向外拉伸放大画面至全屏，如图3-45所示。

步骤 09 点击主轨道右侧的"添加素材"按钮▯，在弹出的界面中添加第2段视频素材，然后对视频素材不需要的部分进行分割，如图3-46所示。分割完成后，删除不需要的部分。

图3-41 点击"删除"按钮

图3-42 设置视频比例

图3-43 点击"裁剪"按钮

图3-44 裁剪视频画面

图3-45 放大视频画面

图3-46 分割视频素材

步骤 10 采用同样的方法逐个添加其他视频素材，长按视频素材并左右拖动，即可调整视频素材的排列顺序，如图3-47所示。

步骤 11 在轨道上选中要变速的视频素材，点击"变速"按钮◎，在弹出的界面中点击"常规变速"按钮◢，如图3-48所示。

步骤 12 此时会弹出速度调整工具，向左拖动滑块，调整速度为"0.8x"，点击"播放"按钮▷，预览调速效果，然后点击✓按钮，如图3-49所示。采用同样的方法，对其他视频素材进行加速或减速处理。

  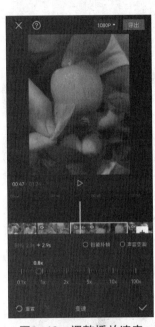

图3-47　调整视频素材排列　　图3-48　点击"常规变速"　　图3-49　调整播放速度
　　　　　顺序　　　　　　　　　　　　　按钮

步骤 13 点击主轨道左侧的音量控制按钮◁，关闭所有视频原声，如图3-50所示。

步骤 14 选中视频素材，在下方点击"复制"按钮▣，即可将该素材复制到右侧，如图3-51所示。

步骤 15 复制素材后选中两个素材中左侧的素材，点击"切画中画"按钮✄，如图3-52所示。

步骤 16 分别选中主轨道视频素材和画中画视频素材，并在视频预览区域调整视频画面的大小和位置，制作画面分屏效果，如图3-53所示。

步骤 17 采用同样的方法，利用画中画功能制作其他画面同框效果，如图3-54所示。

步骤 18 选中画面抖动较为严重的视频素材，点击"防抖"按钮，在弹出的界面中拖动滑块选择防抖程度，可以通过预览视频选择合适的防抖效果，在此选择"推荐"选项，然后点击按钮，如图3-55所示。

图3-50　关闭视频原声

图3-51　点击"复制"按钮

图3-52　点击"切画中画"按钮

图3-53　制作画面分屏效果

图3-54　制作其他画面同框效果

图3-55　设置视频防抖

活动三　编辑音频

　　下面对视频素材中的音频进行编辑，包括调整视频素材音量、视频降噪、添加音效、添加背景音乐等操作，具体操作方法如下。

步骤 01 选中第1段视频素材，点击"音量"按钮，如图3-56所示。

步骤 02 在弹出的界面中向右拖动滑块，增大音量，然后点击按钮，如图3-57所示。采用同样的方法，调整其他需要播放的视频的原声音量。

步骤 03 选中视频素材，点击"降噪"按钮，在弹出的界面中打开"降噪开关"按钮，对视频原声进行降噪处理，然后点击按钮，如图3-58所示。

图3-56　点击"音量"按钮

图3-57　调整音量

图3-58　声音降噪

步骤 04 将时间指针定位到时间线最左侧，点击"音频"按钮，在弹出的界面中点击"音效"按钮，如图3-59所示。

步骤 05 在弹出的界面中搜索"鸟叫"音效，然后点击"鸟类鸣叫氛围声景"音效右侧的"使用"按钮，如图3-60所示。

步骤 06 修剪音效素材的结束位置，将时间指针定位到要添加背景音乐的位置，点击"音频"按钮，然后点击"音乐"按钮，如图3-61所示。

图3-59　点击"音效"按钮

图3-60　添加音效

图3-61　点击"音乐"按钮

步骤 07 进入"添加音乐"界面，根据视频所要表达的情绪选择合适的音乐类型，在此点击"轻快"类型，如图3-62所示。

步骤 08 在打开的音乐列表中点击音乐名称进行试听，找到要使用的音乐后点击音乐名称右侧的"使用"按钮，即可为视频素材添加背景音乐，如图3-63所示。

步骤 09 为了使背景音乐不影响视频中的人声，使用"分割"工具在人声出现和人声结束的位置对背景音乐进行分割，然后选中分割后的背景音乐，点击"音量"按钮 ，如图3-64所示。

步骤 10 在弹出的界面中向左拖动滑块，减小音量，然后点击 按钮，如图3-65所示。

步骤 11 点击"淡化"按钮 ，在弹出的界面中拖动"淡出时长"滑块，调整时长为"1s"，然后点击 按钮，如图3-66所示。

步骤 12 由于背景音乐的时长不足，按照前面的方法在音乐结束的位置再次添加该背景音乐。选中背景音乐，点击"淡化"按钮 ，在弹出的界面中拖动"淡入时长"滑块，调整时长为"1s"，然后点击 按钮，如图3-67所示。

图3-62　点击"轻快"类型

图3-63　点击"使用"按钮

图3-64　点击"音量"按钮

图3-65　调小音量

图3-66　调整淡出时长

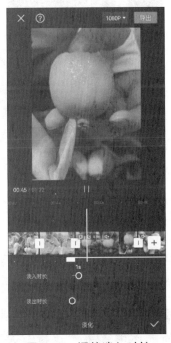

图3-67　调整淡入时长

👤 活动四　添加转场效果和动画效果

下面在视频素材中添加转场效果和动画效果，使镜头切换更加流畅自然，具体操作方法如下。

步骤 01 点击第1段视频素材和第2段视频素材之间的"转场"按钮□，如图3-68所示。

步骤 02 在弹出的界面中点击"MG动画"分类，选择"水波卷动"转场效果，拖动滑块调整转场时长为"0.5s"，点击☑按钮，如图3-69所示。

步骤 03 选中第3段视频素材，在工具栏中点击"动画"按钮▣，然后点击"入场动画"按钮⮕，如图3-70所示。

图3-68　点击"转场"按钮　　图3-69　选择"水波卷动"转场效果　　图3-70　点击"入场动画"按钮

步骤 04 选择"动感放大"动画，拖动滑块调整时长为"0.5s"，点击☑按钮，如图3-71所示。

步骤 05 点击第2段视频素材和第3段视频素材之间的"转场"按钮□，在弹出的界面中点击"运镜"分类，选择"推近"转场效果，调整时长为"0.5s"，点击☑按钮，如图3-72所示。

步骤 06 采用同样的方法，在第3段视频素材和第4段视频素材之间添加"运镜"分类中的"色差逆时针"转场效果，然后在转场位置添加"呼的

"一声"音效，如图3-73所示。采用同样的方法，在视频中添加所需的转场效果。

图3-71　选择"动感放大"动画

图3-72　选择"推近"转场效果

图3-73　添加转场音效

步骤 07 在上下分屏显示的画面中选中主轨道中的视频素材，在工具栏中点击"动画"按钮，然后点击"出场动画"按钮，如图3-74所示。

步骤 08 在弹出的界面中选择"渐隐"动画效果，调整动画时长为"0.5s"，点击按钮，如图3-75所示。采用同样的方法，为画中画视频素材添加同样的出场动画。

步骤 09 在预览区域可以看到该视频片段开始时画面渐隐为黑色。返回一级工具栏，点击"背景"按钮，然后点击"画布模糊"按钮，如图3-76所示。

步骤 10 打开"画布模糊"界面，选择所需的模糊程度，点击"全局应用"按钮，然后点击按钮，如图3-77所示。

步骤 11 为下一段视频素材添加"渐显"入场动画，预览视频效果，如图3-78所示。

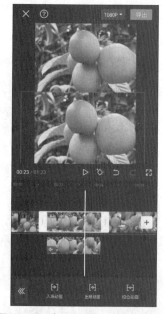  

图3-74　点击"出场动画"按钮　图3-75　选择"渐隐"动画　图3-76　点击"画布模糊"按钮

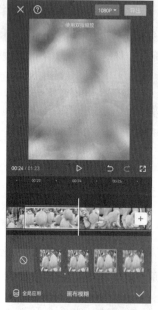 

图3-77　选择模糊程度　　　　　图3-78　添加"渐显"入场动画

活动五　添加视频效果

下面为视频素材添加视频效果，包括制作画面拍照效果、添加动画效果和添加画面特效。

1. 制作画面拍照效果

下面利用"定格"功能和"拍摄"转场制作画面拍照效果，具体操作方法如下。

步骤 01 将时间指针定位到要生成照片的位置，选中视频素材，然后点击"定格"按钮▣，如图3-79所示。

步骤 02 此时，即可生成3秒的静止帧素材。根据需要修剪素材的长度，然后长按素材调整其位置，如图3-80所示。

步骤 03 点击静止帧素材开始处的"转场"按钮▯，在弹出的界面中选择"拍摄"分类，选择"拍摄器"转场效果，点击✓按钮，如图3-81所示。

图3-79　点击"定格"按钮

图3-80　修剪素材并调整位置

图3-81　选择"拍摄器"转场效果

步骤 04 在静止帧素材右侧插入3张图片素材，然后选中图片素材，点击"蒙版"按钮▣，如图3-82所示。

步骤 05 在打开的界面中选择一种蒙版样式，在此选择"圆形"蒙版▣。在预览区域拖动蒙版上的⁚控制柄调整蒙版大小，拖动蒙版内部，将蒙版移动到要显示的区域；拖动蒙版上的"羽化"控制柄，使蒙版边缘产生一定程度的虚化，然后点击✓按钮，如图3-83所示。

步骤 06 采用同样的方法编辑其他图片素材，并添加"拍摄器"转场效果，然后在转场位置添加"拍照声"音效，如图3-84所示。

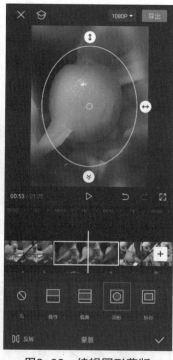

图3-82　点击"蒙版"
　　　　按钮

图3-83　编辑圆形蒙版

图3-84　添加音效

2. 添加动画效果

扫一扫

微课视频

下面利用关键帧为画面添加动画效果，以模拟运镜效果，具体操作方法如下。

步骤 01 将时间指针定位到素材的最左侧，然后在时间线上方点击"添加关键帧"按钮，添加第1个关键帧，如图3-85所示。

步骤 02 将时间指针定位到素材的最右侧，点击"添加关键帧"按钮，添加第2个关键帧，如图3-86所示。

步骤 03 将时间指针定位到第1个关键帧位置，在预览区域调整画面的位置，即可完成在两个关键帧之间添加动画效果，如图3-87所示。

图3-85　添加第1个关键帧

图3-86　添加第2个关键帧

图3-87　调整画面位置

3. 添加画面特效

使用剪映中的特效可以实现不同的画面效果，如让视频画面瞬间变得炫酷、梦幻或富有动感。下面制作画面放大镜效果，具体操作方法如下。

扫一扫

微课视频

步骤 01 返回一级工具栏，将时间指针定位到要添加特效的位置，点击"特效"按钮，然后点击"画面特效"按钮，如图3-88所示。

步骤 02 在弹出的界面中点击"基础"分类下的"圆形虚线放大镜"特效，如图3-89所示。

步骤 03 点击"调整参数"按钮，在弹出的界面中调整"颜色""垂直位移""水平位移""模糊"等参数，然后点击按钮，如图3-90所示。

步骤 04 根据需要调整特效的长度，使其覆盖要放大的视频片段，如图3-91所示。

步骤 05 在视频素材的转场位置添加"综艺"分类下的"咔嚓"特效，并调整特效长度，然后点击"作用对象"按钮，如图3-92所示。

步骤 06 在弹出的界面中选择"全局"选项，然后点击按钮，如图3-93所示。

图3-88　点击"画面特效"
按钮

图3-89　点击"圆形虚线
放大镜"特效

图3-90　设置特效参数

图3-91　调整特效长度

图3-92　点击"作用对象"
按钮

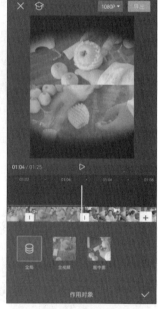

图3-93　选择"全局"选项

活动六　视频调色

下面使用"调节"和"滤镜"功能对视频素材进行调色，具体操作方法如下。

步骤 01 选中要调色的视频素材，点击"调节"按钮，如图3-94所示。

步骤 02 在弹出的界面中点击"对比度"按钮，拖动滑块，调整对比度为15，如图3-95所示。

步骤 03 点击"光感"按钮，拖动滑块，调整光感为10，如图3-96所示。

图3-94　点击"调节"按钮

图3-95　调整对比度

图3-96　调整光感

步骤 04 点击"锐化"按钮，拖动滑块，调整锐化为20，如图3-97所示。

步骤 05 点击"高光"按钮，拖动滑块，调整高光为25，然后点击按钮，如图3-98所示。

步骤 06 返回一级工具栏，将时间指针定位到要调色的位置，然后点击"滤镜"按钮，如图3-99所示。

步骤 07 选择"调节"选项卡，点击"阴影"按钮，拖动滑块，调整阴影为15，如图3-100所示。

步骤 08 选择"滤镜"选项卡，点击"人像"分类，选择"清晰Ⅱ"滤镜，拖动滑块调整滤镜强度，然后点击按钮，如图3-101所示。

步骤 09 根据需要调整调色效果的长度，如图3-102所示。采用同样的方法，对其他视频素材进行调色。

图3-97　调整锐化

图3-98　调整高光

图3-99　点击"滤镜"按钮

图3-100　调整阴影

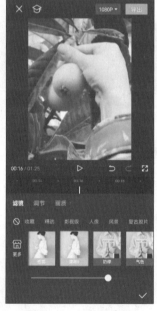

图3-101　应用滤镜

图3-102　调整调色效果的长度

活动七　添加文字和贴纸

下面在视频素材中添加文字和贴纸，包括为人物语音添加字幕和添加具有引导性质的贴纸，具体操作方法如下。

扫一扫

微课视频

步骤 01 将时间指针定位到要添加文字的位置，点击"文字"按钮■，然后点击"新建文本"按钮▲，如图3-103所示。

步骤 02 输入所需的字幕文字，选择"字体"选项卡，选择所需的字体，如图3-104所示。

步骤 03 选择"样式"选项卡，选择所需的字体样式，拖动滑块调整字号，如图3-105所示。

图3-103　点击"新建文本"按钮

图3-104　选择字体

图3-105　设置字体样式

步骤 04 调整文字的长度，在需要修改文字的位置使用"分割"工具依次分割文本。选中要修改的文字，点击"编辑"按钮▲，如图3-106所示。

步骤 05 在弹出的界面中修改文字内容，然后点击✓按钮，如图3-107所示。

步骤 06 选中要修改样式的文字，选择"样式"选项卡，从中选择文字样式并调整字号，然后点击✓按钮，如图3-108所示。采用同样的方法，在视频素材中其他需要添加字幕的位置添加所需的文字。

步骤 07 将时间指针定位到短视频的末尾，点击"定格"按钮▣，如图3-109所示。

步骤 08 选中生成的静止帧，点击"动画"按钮▶，然后点击"出场动画"按钮◀，如图3-110所示。

步骤 09 选择"轻微放大"动画，将滑块拖至最右侧，然后点击✅按钮，如图3-111所示。

图3-106 点击"编辑"按钮

图3-107 修改文字

图3-108 修改文字样式

图3-109 点击"定格"按钮

图3-110 点击"出场动画"按钮

图3-111 选择"轻微放大"动画

步骤 10 将时间指针定位到要添加贴纸的位置，点击"添加贴纸"按钮，在搜索框中输入"购买"，在搜索结果中选择所需的贴纸，如图3-112所示。

步骤 11 调整贴纸的大小和位置，在轨道上调整贴纸的长度，如图3-113所示。

步骤 12 在贴纸出现的位置添加"成功完成提示"音效，如图3-114所示。点击右上方的"导出"按钮，导出短视频。

图3-112 选择贴纸

图3-113 调整贴纸

图3-114 添加音效

活动八 制作片头

下面为短视频制作简单的片头，重点展示枇杷皮薄肉厚的特点，具体操作方法如下。

扫一扫

微课视频

步骤 01 在剪映中新建"剪辑"项目，并导入片头所需的视频素材。选中视频素材，点击"变速"按钮，然后点击"常规变速"按钮，如图3-115所示。

步骤 02 向右拖动滑块，调整速度为"2x"，点击按钮，如图3-116所示。

步骤 03 在视频中添加文字，在"字体"选项卡下选择"思源粗宋"字体，如图3-117所示。

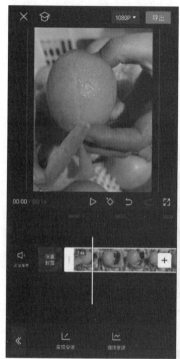 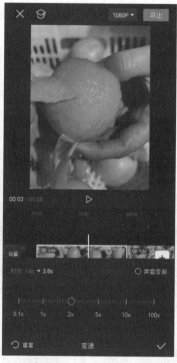 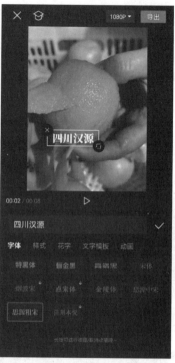

图3-115　点击"常规变速"　　　图3-116　调整速度　　　图3-117　选择字体
　　　　　　按钮

步骤 04 选择"样式"选项卡，点击"粗斜体"标签，然后点击"斜体"按钮，如图3-118所示。

步骤 05 选择"花字"选项卡，选择所需的花字样式，如图3-119所示。

步骤 06 选择"动画"选项卡，点击"入场"标签，选择"向右滑动"动画，拖动滑块调整动画时长，如图3-120所示。

步骤 07 点击"出场"标签，选择"模糊"动画，拖动滑块调整动画时长，点击✓按钮，如图3-121所示。

步骤 08 在视频中再添加一行文字，设置字体样式，并添加"溶解"入场动画和"模糊"出场动画，如图3-122所示。

步骤 09 将时间指针定位到要添加贴纸的位置，点击"添加贴纸"按钮，选择"炸开"分类，选择所需的贴纸，如图3-123所示。

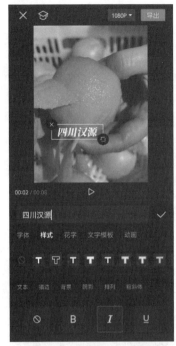

图3-118 设置文字样式

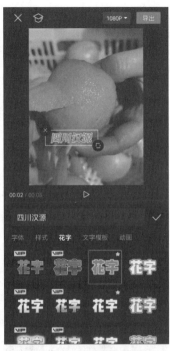

图3-119 选择花字样式

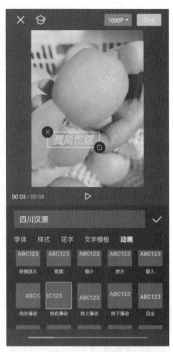

图3-120 添加文字入场动画

图3-121 添加文字出场动画

图3-122 添加文字

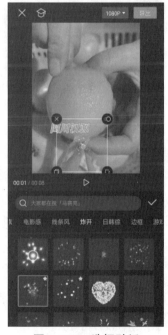

图3-123 选择贴纸

步骤 10 在轨道上分别调整文字和贴纸的长度与位置，如图3-124所示。

步骤 11 点击主轨道右侧的"添加素材"按钮⊞，将前面导出的短视频添加进来，如图3-125所示。

步骤 12 点击"转场"按钮①，在弹出的界面中选择"光效"分类，选择"泛白"转场效果，然后点击☑按钮，如图3-126所示。点击右上方的"导出"按钮，导出短视频。

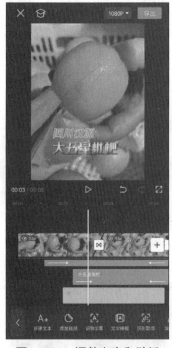
图3-124　调整文字和贴纸

图3-125　添加短视频

图3-126　选择"泛白"转场效果

同步实训

👤 实训一　拍摄短视频

📋 实训描述

拍摄一条探店短视频，在拍摄过程中灵活选择景别、构图方式、拍摄角度、运镜方式等。

⚒ 操作指南

（1）准备短视频拍摄设备。你需要准备手机、稳定设备、录音设备、补光设备，在进入某家店拍摄之前要将拍摄设备准备齐全。

（2）选择拍摄画面景别。在拍摄探店短视频时，你要根据具体的内容和场景从特写、近景、中近景、中景、全景、远景等景别中选择恰当的景别。

（3）选择画面构图方式。为了突出商品的特色，你要合理选择画面构图方式，如九宫格构图、对角线构图、对称构图等。

（4）选择拍摄角度。你可以从拍摄视角、拍摄方向、拍摄高度等方面来选择合适的拍摄角度，以突出商品特色为目的，吸引用户的目光，刺激用户的购买欲望。

（5）选择运镜方式。你要根据店铺的类型、环境等因素来确定拍摄画面的节奏，以此为依据选择合适的运镜方式。

💬 实训评价

同学们完成实训后，撰写心得体会并提交给老师，老师按表3-3所示内容进行打分。

表3-3　实训评价

序号	评分内容	总分	老师打分	老师点评
1	是否能熟练使用拍摄设备	20		
2	是否能合理地选择拍摄画面景别	20		
3	是否能合理地选择画面构图方式	20		
4	是否能选择合适的拍摄角度	20		
5	是否能合理地选择运镜方式	20		

👤 实训二　剪辑短视频

📋 实训描述

对拍摄的探店短视频进行剪辑，使其节奏流畅、生动有趣，成为一个完整的作品。

✂ 操作指南

（1）粗剪视频。将视频素材依次导入剪映，对视频素材进行粗剪，包括删除视频素材中无用的片段，调整画面构图、视频速度等操作，如图3-127所示。

扫一扫

微课视频

图3-127　粗剪视频

（2）添加音频并修剪视频。这一步需要通过提取音乐来导入背景音乐，并在音乐的节拍处添加踩点，然后将视频的画面与音乐踩点匹配一致，如图3-128所示。根据音乐节奏对视频进行曲线变速，如图3-129所示。

 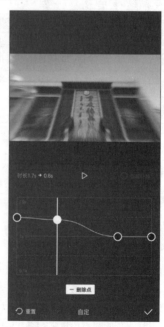

图3-128　根据音乐节奏修剪素材　　　　图3-129　曲线变速

（3）添加转场效果和动画效果。添加合适的转场效果和动画效果可以使镜头切换更加流畅、自然，如图3-130所示。

图3-130　添加转场效果和动画效果

（4）添加画面特效。为视频添加画面特效，使画面变得炫酷、富有动感，如图3-131所示。

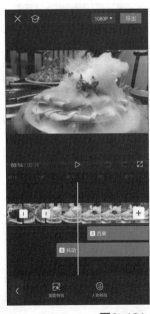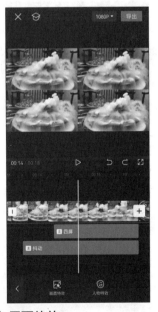

图3-131　添加画面特效

（5）添加文字。在添加文字前先通过"素材库"添加黑色背景，如图3-132所示。在黑色背景上添加文字，并设置字体样式，然后为文字添加动画效果，如图3-133所示。

图3-132　添加黑色背景　　　　图3-133　添加文字和动画

（6）视频调色。主要使用"调节"和"滤镜"功能对视频素材进行调色，如图3-134所示。

图3-134　视频调色

💬 **实训评价**

同学们完成实训后，撰写心得体会并提交给老师，老师按表3-4所示内容进行打分。

表3-4　实训评价

序号	评分内容	总分	老师打分	老师点评
1	是否掌握了粗剪视频的技巧	20		
2	是否掌握了编辑音频的技巧	20		
3	是否掌握了添加视频效果的技巧	20		
4	是否掌握了视频调色的技巧	20		
5	是否能合理地添加文字和贴纸及动画	20		

项目总结

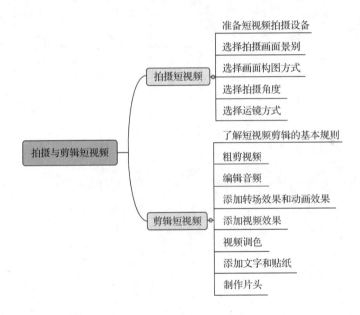

项目四

发布短视频为直播预热

职场情境

　　小艾深知，在制作好短视频后，必须将短视频发布出去才能获得流量，收获良性反馈。这就需要选择合适的发布平台和发布时间。随着短视频与直播融合的趋势逐渐加强，直播预热引流在很大程度上需要短视频的助力。只有短视频的质量得到提高，与之相关的直播活动的流量才会随之增多。于是，小艾决定在直播活动开始之前，认真回忆并巩固有关短视频发布和用短视频为直播预热的知识和方法，为配合团队直播做足准备。

学习目标

✈ **知识目标**

1．了解各个短视频发布渠道。

2．了解短视频平台的发布规则。

3．掌握用短视频为直播预热的 5 种方式。

✈ **技能目标**

1．学会选择短视频发布渠道。

2．学会多渠道分发短视频。

3．能够合理选择短视频的发布时间。

4．学会发布短视频。

5．掌握用短视频为直播预热的方式。

✈ **素养目标**

1．在创作与发布短视频的过程中强化底线意识、法律意识和安全意识。

2．通过优质短视频内容宣传正能量，弘扬社会主义核心价值观。

3．获得短视频分享与传播的成功经验，增强学习运用短视频的信心。

任务一 发布短视频

拍摄并剪辑完短视频后，小艾及其团队准备发布短视频。在小艾看来，在发布短视频之前，他们要做好两项工作，即选择短视频的发布渠道和选择短视频的发布时间。

👤 活动一 选择短视频的发布渠道

短视频的发布渠道特别多，有抖音、快手、小红书、微信视频号、知乎、哔哩哔哩等。虽然做全渠道布局也可以实现，但要花费大量的时间成本。出于对效率的考虑，小艾觉得在运营初期，要先挑选一个适合自身行业的短视频发布渠道。

因此，小艾觉得有必要先了解各个短视频发布渠道的特性。不同短视频平台的推荐机制是不同的，用户的喜好、特点和喜欢的内容也有很大的差别。

第1步 了解各个短视频发布渠道

通过了解，小艾逐渐熟悉了各个短视频发布渠道，如抖音、快手、小红书、微信视频号、知乎、哔哩哔哩等。

1. 抖音

抖音的用户大多分布在一线、二线城市，同时市场有下沉趋势，目前日活跃用户量已达7亿，内容包罗万象，如音乐、宠物、生活、美食、知识、短剧等，变现方式有小黄车、抖音小店、平台活动、广告和直播流量分成。抖音鼓励商家认证企业号，商业变现的方式越来越完善，竞争也日趋激烈。

2. 快手

快手专注下沉市场，用户大多分布在三线、四线城市，其内容以搞笑、生活分享、好物推荐、短剧等为主，变现方式有直播流量分成、广告、电商等。快手的进入门槛较低，对内容质量的包容度比较高。

3. 小红书

小红书用户中70%以上是"90后"，90%是女性，大部分用户来自一线、二线城市。其内容多为美妆护肤、美食分享、时尚穿搭、旅游推荐等"种草"属性较强的内容，变现方式有广告、私域引流等。小红书强大的内容分享属性使其成为用户产生购物需求、选择品牌与商品、分享商品使用情况的高信任度对象，同时也成为很具有代表性的"种草"平台。

4. 微信视频号

微信视频号基本涵盖微信生态中所有的用户，推荐机制包括社交推荐和个性化推荐，其内容具备高价值或高共鸣度，变现方式有广告、私域沉淀、小程序变现等。

5. 知乎

作为专业的知识和技能分享平台，知乎用户的层次相对比较高，他们想获得的内容也有一定的专业性。在知乎上发布的视频一般在垂直领域比较有深度，时长为3～5分钟。

6. 哔哩哔哩

哔哩哔哩是一个弹幕视频运营平台，作为年轻人高度聚集的文化社区，其浓厚的二次元文化氛围、独特的垂直交流模式、专业化的用户创造内容流程，使其在与众多视频平台的竞争中成长为一家大型多元化网站。

基于各短视频发布渠道的特点，企业在选择发布渠道时，要根据自身所属领域以及内容与渠道的适配度来综合考虑，如表4-1所示。

表4-1 选择短视频发布渠道需要考虑的因素

渠道	特点	适合的领域
抖音	流量大，个性化推荐	大多数行业可以布局
快手	流量大，个性化推荐	大多数行业可以布局
小红书	"种草"平台，用户主要为年轻女性群体	美妆、服装、母婴、旅游等针对年轻女性群体的行业
微信视频号	流量大，基于微信，社交推荐	大多数行业可以布局，社交属性强，对于有私域流量的企业更友好
知乎	知识分享社区，用户主要为高层次人群	情感、企业服务、教育、电商等行业
哔哩哔哩	流量大，主要服务于年轻群体	旅游、电子数码、汽车、影视、动漫等年轻人感兴趣的行业

第2步 根据运营目标选择短视频发布渠道

在小艾看来，在选择短视频发布渠道之前，运营人员要先对自己的产品和运营目标有清晰的认识。根据运营目标的不同，短视频发布渠道可以进行更进一步的划分，如表4-2所示。

表4-2 根据运营目标选择短视频发布渠道

运营目标	选择的短视频发布渠道
电商带货	优选流量比较大、电商环境比较完善的抖音和快手
精准获客	优选目标用户喜欢的平台，以及依托精准搜索进行推荐的小红书、知乎等专业性比较强的平台
私域引流	优选具备强社交属性的微信视频号
粉丝变现	优选抖音、快手这两个流量大、内容形式包容性比较强的短视频运营平台，也可以选择哔哩哔哩、小红书这些具有较强社区属性的平台进行深耕

📋 经验之谈

除了以上主流的短视频发布渠道以外，还有很多同样比较精准的渠道可以选择。例如，本地门店可以尝试在"大众点评"发布短视频引流；旅游行业的企业可以在专门提供旅行交流服务的平台发布短视频引流，如"携程旅行"。

第3步 合理进行多渠道分发

短视频发布不一定局限在某个平台上，在不违反平台规则的情况下，运营人员可以在多个渠道同时发布短视频。小艾注意到，负责运营的同事将拍摄好的短视频发布在不止一个平台，每个平台收获的粉丝和阅读量不一样，但都为积累粉丝提供了不少帮助。

当然，这不是说发布渠道越多越好，运营人员要在选择发布渠道时做出取舍。运营人员可以在独立平台与综合平台同时发布短视频，在独立平台上吸引目标用户观看，同时还可以在综合平台上依靠其传播速度快的特性不断扩大目标用户规模。

知识窗

短视频平台分为内容型短视频平台和商品型短视频平台，在这两种短视频平台上发布内容要遵守相应的规则，如图 4-1 所示。

内容型短视频平台
内容型短视频平台的代表是抖音和快手，创作者专注于提供优质内容，通过优质内容来吸引用户。

商品型短视频平台
商品型短视频平台的代表是淘宝短视频，淘宝创建短视频平台也是为了促进电商发展，所以运营人员可以在淘宝短视频平台直接售卖商品，但要突出卖点，避免纯娱乐性内容，商品链接的数量要符合要求，链接的商品也要符合短视频推广类目的要求。

图4-1　短视频平台的发布规则

知识窗

素养小课堂

在短视频成为互联网风口的当下，各路资本纷纷涌入，大家都看到了流量、效益、变现，但同时要具备"底线意识"，牢记应该承担的社会责任。短视频平台作为一种媒介，既承担着传递信息、娱乐大众的作用，又承担着塑造社会认知的作用。因此，短视频内容不能触犯法律，也不能触碰道德底线，而应传递正能量，积极向上。

活动二　选择短视频的发布时间

在创作出优质内容以后，运营人员还要找准发布的时机，规划好发布频率，使短视频在合适的时间出现在用户眼前，让用户养成观看习惯。小艾觉得，运营人员要保持短视频的稳定更新，需要做好以下3个方面的工作。

1. 保持稳定的更新频率

运营人员要保持稳定的短视频更新频率，与用户保持稳定的交流次数，这样才能加深用户对短视频账号的印象，拉近账号与用户之间的关系，具体方法主要有以下两种。

（1）每天在固定时间发布短视频，例如每天晚上8点发布短视频，这样有利于培养用户在固定时间观看短视频的习惯，增强用户黏性。

（2）在无法保证每天更新短视频的情况下，每隔一天或每隔两三天更新一次，间隔的时间要有规律，让用户形成一定的期待感。既然更新频率较低，运营人员就要提高短视频的质量，力争把作品打磨到最好，使用户念念不忘，愿意花费时间等待。

2. 找到合适的发布时间

短视频的发布时间会对短视频的播放量产生很大的影响，因为在不同时间段，用户的活跃度是不同的，存在高峰期和低谷期，运营人员要在用户活跃度的高峰期发布短视频。

一天之内，一般有4个短视频用户活跃度的高峰期，分别如下。

- 早上7点到9点：早上起床后、上班乘坐公共交通工具时，利用碎片化时间浏览短视频。
- 中午12点到下午2点：利用午饭时间和午休时间浏览短视频。
- 下午5点到晚上7点：工作结束后，通过浏览短视频休闲、放松。
- 晚上9点到11点：在睡前观看短视频。

3. 考虑目标用户群的特点

运营人员要考虑自己的目标用户群有何特点，毕竟不同细分属性人群的休闲时间各有不同。运营人员要结合自己的目标用户群的属性特点来选择短视频的发布时间，也可以根据自己所处的领域选择合适的发布时间，如表4-3所示。

表4-3　不同内容领域的短视频的最佳发布时间

发布时间	适合领域	状态
早上7点到9点	金融、汽车、房产、时事	上班路上
中午12点到下午2点	娱乐、生活、金融、房产、服饰、时尚	午休时间
下午5点到晚上7点	探店、美食教程	下班路上
晚上7点到9点	金融、汽车、旅游、房产、娱乐、音乐、生活、体育、宠物、美食、美妆等绝大部分领域	休闲时间
晚上9点到11点	音乐、游戏、体育、影视、情感	睡前时间

活动三　发布短视频

在拍摄与剪辑短视频后，运营人员确定发布渠道和发布时间后，就可以选择合适的平台上传并发布短视频。小艾所在的运营团队决定在抖音平台发布已经剪辑完成的短视频，具体操作方法如下。

步骤 01 打开抖音App，点击最下方的◉按钮，如图4-2所示。

步骤 02 进入拍摄界面，点击下方的"相册"按钮，如图4-3所示。

步骤 03 选择编辑完成的短视频，点击"确认"按钮，如图4-4所示。

　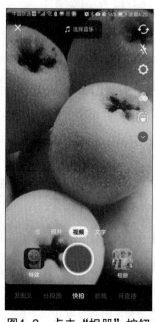　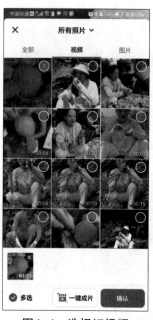

图4-2　点击◉按钮　　　　图4-3　点击"相册"按钮　　　　图4-4　选择短视频

步骤 04 进入视频编辑界面，其中提供了裁剪、文字、贴纸、特效、滤镜、自动字幕、画质增强、变声等功能，可以根据需要选择使用。由于本视频在之前已经剪辑完毕，在此直接点击"下一步"按钮，如图4-5所示。

步骤 05 进入"发布"界面，输入视频标题并添加相关话题，如图4-6所示。

步骤 06 点击右上方的"选封面"按钮，在打开的界面中拖动下方的选框选择封面图片，点击"样式"标签，选择所需的文本样式并输入文本，然后点击右上方的"保存"按钮，如图4-7所示。

图4-5 点击"下一步"按钮

图4-6 输入标题并添加话题

图4-7 设置短视频封面

步骤 07 点击"添加标签"选项，在弹出的界面中选择"商品"选项，如图4-8所示。

步骤 08 选择橱窗中相应的商品，点击"添加"按钮，然后点击"下一步"按钮，如图4-9所示。

步骤 09 在打开的界面中输入推广标题，然后点击"确定"按钮，如图4-10所示。

步骤 10 点击"高级设置"选项，如图4-11所示。

步骤 11 在弹出的界面中开启"高清发布"功能，如图4-12所示。设置完成后，点击"发布"按钮。

步骤 12 等待短视频上传完成后，即可看到发布的作品，如图4-13所示。点击下方的商品信息，即可在打开的界面中购买商品。

步骤 13 点击右侧的 按钮，在弹出的界面中可以分享短视频或者对短视频进行管理，如修改标题、删除、置顶等，在此点击"置顶"按钮 ，如图4-14所示。

步骤 14 在界面下方点击"我"按钮，然后点击"作品"标签，即可看到发布的短视频，可以看到该商品推广短视频带有"置顶"标识，如图4-15所示。

图4-8 选择"商品"选项

图4-9 添加商品

图4-10 输入推广标题

图4-11 点击"高级设置"
选项

图4-12 开启"高清发布"
功能

图4-13 发布完成

　　很多短视频运营团队会将同样的内容同时分发到不同的平台，如抖音、快手、西瓜视频、好看视频、微博、美拍、哔哩哔哩等。面对如此多的平台，如果人为地一个个地发布，既耗时又费力，这时可以使用自媒体助手（如易媒助手）。这些工具支持多平台一键发布，只要导入本地视频，设置相应的标签或标题，点击发布即可一键分发，能够极大地提高工作效率。

图4-14　点击"置顶"按钮

图4-15　查看发布的短视频

🎁 **动手做**

　　和同学们组成一个创作团队，选择合适的场地拍摄一条短视频，主题自拟，要求画面流畅清晰、主题明确，并编辑精彩的文案，然后选择合适的短视频平台进行发布。

任务二　直播预热

　　当前，直播营销已经进入精细化运营时代，从直播脚本的撰写到活动策划，再到落地实行，每一步都至关重要。小艾所在的团队在直播时获得的粉丝观看量极少，事后复盘才发现，他们没有进行直播预热。直播预热是一个十分重要的引流手段，能够为直播间增加初始流量，而短视频是十分关键的直播预热渠道。

👤 活动一　用短视频为直播预热

　　短视频预热是最常见、最有效的直播预热方式之一，一般要在直播开播前3小时发布短视频进行预热。小艾经过了解得知，短视频预热主要有5种方式，分别是短视频植入预告、福利引导、纯预告、发布直播片段和平台主页预热。

1. 短视频植入预告

短视频植入预告相当于广告植入，可以在日常发布的短视频的结尾植入直播预告，使观众在不知不觉中对直播时间和直播主题产生深刻的印象。直播预告要有吸引力，最好在短视频结尾定格直播预告信息，强化观众对直播时间和直播主题的记忆。例如，抖音账号"CoCo都可"的一条短视频中，几位同事商量一起去露营，其中一位同事提到自己带饮料时，说出了直播预告的内容，如图4-16所示。

2. 福利引导

为直播预热的短视频如果没有强大的诱惑力，就很难吸引观众进入直播间，所以主播可以在短视频中曝光一定的直播福利，例如会在直播间抽奖，奖品有品牌包、新款手机、新上市的护肤品等，告知观众促销活动的优惠力度非常大。这样可以激发观众的兴趣，勾起观众的好奇心，使其按时进入直播间。例如，某账号在抖音平台发布短视频宣传直播，重点提醒观众届时将有超多福利，9.9元可享受多种美食，如图4-17所示。

图4-16　短视频植入预告

图4-17　福利引导

3. 纯预告

纯预告是指主播采用真人出镜的方式，向观众口头通知具体的开播时间和直播主题。这种形式可以给人更真实、更亲近的观感，让观众备感亲切。由于短视频账号的粉丝黏性较强，所以粉丝在看到直播预告后进入直播间观看直播的可能性很大。例如，某企业抖音账号"世纪出版"发布直播预告短视频，图书编辑在短视频中真人出镜，向观众说明直播中会推荐的书籍、直播的主题以及具体的直播时间，如图4-18所示。

图4-18　纯预告

主播可以在"贴纸"工具中选择"直播预告"贴纸，设置开播时间，发布直播预告短视频。观众看到预告并点击贴纸上的"想看"按钮后，开播时就会收到相应的开播消息。

4. 发布直播片段

如果上一场直播发生过一些有趣的事情，主播可以将其截取出来，以短视频的形式发布，让观众对直播产生浓厚的兴趣，从而为即将进行的直播引流造势。例如，微博账号"晃然直播"曾把其直播间发生过的有趣的事情截取出来，以短视频的形式发到微博，如图4-19所示，有趣、搞笑的片段会吸引更多人进入其直播间。

5. 平台主页预热

主播可以在短视频账号的个人主页、账号昵称和账号简介处编辑直播预告，包括直播时间、直播商品，在告知观众的同时让观众养成观看习惯，使其按时观看直播。主播还可以在账号主页设置并修改直播公告，当观众访问主页时，能够随时在直播动态栏看到直播公告，并点击"预约"按钮进行预约，如图4-20所示。

在正式开播前10分钟，短视频平台会通过站内消息和站外推送发送开播提醒，引导观众直接到达开播界面。若将已发布的视频预告删除，则不会发送开播提醒。

若未能在约定时间后的15分钟内开播，且设置的开播时间过期20分钟后，系统将向主播发送"直播预告开播提示"的站内消息，提醒主播准时开播。

图4-19　发布直播片段　　　　　图4-20　平台主页预热

👤活动二　用短视频为直播间引流

如果即将进行直播，主播可在直播开始前发布引流短视频，用有吸引力的内容引导粉丝或观众进入直播间。若粉丝或观众看到视频时账号正在直播，他们可以直接点击账号头像进入直播间。

短视频引流的方式主要有以下几种。

1. 付费推广

主播在短视频平台直播时，可以通过付费推广为直播间引流。以抖音为例，抖音的付费推广工具为DOU+，其投放门槛很低，抖音的注册用户最低花费100元即可进行DOU+投放。

在投放DOU+时，主播可以选择在开播前预热投放，即用短视频预热，通过短视频的曝光来使直播间的人数增加。例如，主播在直播前发布一条直播预热短视频，然后对预热短视频投放DOU+，很多人看到预热短视频后会点击账号头像进入直播间，这样就完成了引流。

DOU+只是用来增加短视频人气和流量的一个工具，要想成功通过短视频为直播间引流，短视频的时效性和与直播的关联性就很重要。引流类短视频要让观众对直播商品形成一种"质高、价优、超值、值得购买"的印象，这类短视频最需要突出的是直播的"瞬时"价值，要简单明了地告诉观众直播间能为他们带来的利益点，引导观众进入直播间。

📖 经验之谈

在使用DOU+推广短视频时，主播发布短视频要遵循"3小时原则"，即在开播前3小时发布引流短视频。因为DOU+的最短投放时长为2小时，DOU+通常有半个小时的审核时间，所以在3个小时内开播，配合DOU+投放，可以快速迎来第一波流量高峰。

2. 同城推广

短视频同城推广是指在发布短视频时加上定位，这可以让观众因为同城推荐而进入直播间。以抖音为例，在"首页"的顶部菜单中，最左侧的就是"同城"页，通过这个界面观众可以看到附近的短视频和直播，如图4-21所示。

在账号的隐私设置中有个"同城展示"功能，开启该功能后主播的作品和直播会在"同城"页展示，如图4-22所示。在发布短视频时开启"同城展示"功能，短视频就会被追加投放到同城流量池中，更多地在"同城"界面中曝光，而通过"同城"界面进入直播间的用户，其相关数据会被统计在"同城"这一栏，如图4-23所示。如果关闭了"同城展示"，默认不会有同城的流量。

图4-21　抖音同城页

图4-22　开启"同城展示"功能

图4-23　直播数据

同步实训

实训一　在不同的渠道发布短视频

实训描述

　　短视频的流量来源于广泛的用户群体，而这些用户群体分布于各大平台。为了获得这些宝贵的流量，运营人员有必要在各个平台发布短视频。本次实训要求同学们分别在快手、小红书、哔哩哔哩平台上发布短视频。

操作指南

1. 快手

　　（1）登录快手App，点击最下方的"➕"按钮，如图4-24所示。

　　（2）进入拍摄界面，点击右下方的"相册"按钮，如图4-25所示。

　　（3）在相册中选择拍摄剪辑好的短视频或短视频素材，点击"下一步"按钮，如图4-26所示。

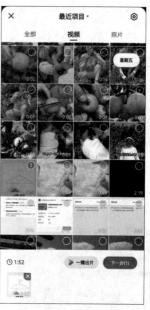

图4-24　点击"➕"按钮　　图4-25　点击"相册"按钮　　图4-26　选择短视频

（4）进入编辑界面，可以进行简单的剪辑加工，如组合视频、裁剪素材、添加配乐、添加字幕。在此点击"封面"按钮，如图4-27所示。

（5）进入"封面"界面，在下方拖动选框选择封面图片，然后选择所需的文本样式并输入文本，点击☑按钮，如图4-28所示。

（6）点击"下一步"按钮，进入发布界面，输入标题并添加相关话题，如图4-29所示。

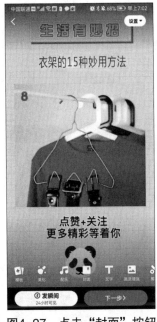
图4-27　点击"封面"按钮

图4-28　编辑封面

图4-29　输入标题并添加话题

（7）点击"作者服务"选项，在弹出的界面中选择"关联商品"选项，如图4-30所示。

（8）进入"关联商品"界面，点击"关联主推品"按钮，如图4-31所示。

（9）在弹出的界面中选中要添加的商品，点击"添加"按钮，如图4-32所示。

（10）返回"关联商品"界面，点击"保存"按钮，如图4-33所示。

（11）返回"发布"界面，点击"更多设置"选项，如图4-34所示。

（12）在弹出的界面中打开"高清发布""允许别人跟我拍同框""允许转发""允许下载此作品"等功能，如图4-35所示。点击"发布"按钮，即可在快手平台发布商品推广短视频。

图4-30　选择"关联商品"
选项

图4-31　点击"关联主推品"
按钮

图4-32　添加商品

图4-33　点击"保存"
按钮

图4-34　点击"更多设置"
选项

图4-35　打开"高清发布"
等功能

（13）短视频上传完成后，即可查看发布的短视频，如图4-36所示。点击
下方的"购物"按钮■，即可在打开的界面中购买商品。

（14）点击"分享"按钮➦，在弹出的界面中可以分享短视频或者对短视
频进行管理，如图4-37所示。

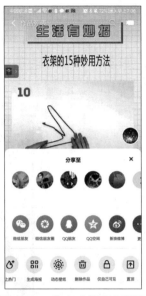

图4-36　短视频发布完成　　　图4-37　分享或管理短视频

2. 小红书

（1）登录小红书App，点击最下方的 ➕ 按钮，如图4-38所示。

扫一扫

微课视频

（2）在手机相册中选择编辑好的短视频，点击"下一步"按钮，如图4-39所示。

（3）进入短视频编辑界面，直接点击"下一步"按钮，如图4-40所示。

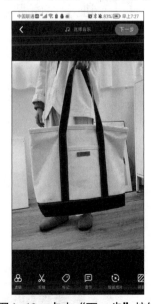

图4-38　点击 ➕ 按钮　　　图4-39　选择短视频　　　图4-40　点击"下一步"按钮

（4）进入发布界面，点击"编辑封面"按钮，如图4-41所示。

（5）进入"设置封面"界面，在下方拖动选框选择封面图片，然后点击"下一步"按钮，如图4-42所示。

（6）在封面中添加文字，然后点击"完成"按钮，如图4-43所示。

图4-41　点击"编辑封面"按钮　　图4-42　选择封面图片　　图4-43　添加封面文字

（7）输入笔记标题，并添加相关话题，如图4-44所示。

（8）点击"关联商品"按钮，在弹出的界面中选择店铺中的商品，如图4-45所示。

（9）进入"商品设置"界面，编辑评论语，点击"确定"按钮，如图4-46所示。

图4-44　输入标题并添加话题　　图4-45　选择商品　　图4-46　编辑评论语

图4-47 短视频发布
完成

图4-48 分享或管理
短视频

（10）点击"发布笔记"按钮，即可在小红书平台发布短视频，如图4-47所示。点击短视频下方的商品卡片，就会弹出商品购买界面。

（11）点击右上方的 ，在弹出的界面中可以分享或管理短视频，如图4-48所示。

3. 哔哩哔哩

（1）登录哔哩哔哩App，点击下方的 按钮，如图4-49所示。

（2）在手机

相册中选择视频素材，点击"下一步"按钮，如图4-50所示。

（3）进入短视频编辑界面，使用剪辑功能将两段视频素材拼接在一起，添加文字、配乐与转场效果，然后点击"下一步"按钮，如图4-51所示。

图4-49 点击 按钮

图4-50 选择视频素材

图4-51 编辑短视频

（4）进入发布界面，填写标题、简介，设置视频分类、稿件类型和封面，然后点击"发布"按钮，如图4-52所示。

（5）审核成功后，即可成功发布短视频，如图4-53所示。

图4-52 发布设置

图4-53 短视频发布成功

💬 **实训评价**

同学们完成实训后，提交实训报告，老师根据实训报告内容，按表4-4所示内容进行打分。

表4-4 实训评价

序号	评分内容	总分	老师打分	老师点评
1	能否正确开通并登录短视频发布渠道	20		
2	能否熟练剪辑和优化短视频	50		
3	能否撰写短视频文案	30		

👤 **实训二 用短视频为直播预热**

📋 **实训描述**

本次实训要求同学们演练从发布短视频到用短视频为直播预热的整个流程，所以同学们一开始就要选择正确的发布渠道，确定发布的内容，提前制订直播计划，采用合适的预热方式。

✖ 操作指南

（1）制订直播计划，明确直播商品。

（2）拍摄一条精彩的商品短视频，要求清晰流畅，主题明确，趣味性强。

（3）对比分析各个短视频发布渠道，整理出分析报告，最后确定适合的发布渠道。

（4）发布短视频为直播预热活动，开启"同城展示"，投放DOU+推广预热短视频。

💬 实训评价

同学们完成实训要求后，撰写心得体会并提交给老师，老师按表4-5所示内容进行打分。

表4-5　实训评价

序号	评分内容	总分	老师打分	老师点评
1	能否拍摄优质短视频	30		
2	是否选择了合适的发布渠道	20		
3	能否熟练地发布短视频	20		
4	能否熟练使用引流技巧	30		

项目总结

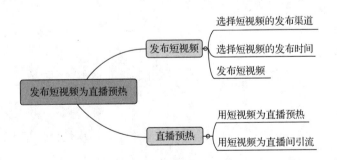

项目五

直播的策划与执行

职场情境

经过一段时间的实践，小艾深知直播运营是一项十分复杂的活动，如果没有一份清晰的直播运营方案作为指导，直播运营很难达到目标，甚至无法顺利进行。正是由于缺乏目标意识，没有做好准备，小艾所在的运营团队开展的第一场直播就一团糟。在对第一场直播进行全面总结后，运营团队意识到，在直播开始之前应先理顺直播的思路，制定合理的直播策划方案，做好前期的准备工作，然后依据直播策划方案有目的、有针对性地执行直播的各项工作，而小艾在这一过程中也逐渐掌握了直播话术、直播互动等技巧。

学习目标

知识目标

1．了解直播团队各工作岗位的基本职能。

2．熟悉常见的直播设备。

3．了解直播选品原则、选品渠道和测品方法。

4．了解直播间的商品结构。

技能目标

1．能够搭建直播间、设计直播封面图和标题，以及撰写直播脚本。

2．能够确定直播间商品价格，陈列直播间商品。

3．能够在直播中灵活运用各种直播话术，保证直播效果。

4．能够实施直播预热，并通过互动环节、付费推广为直播间增加流量。

5．能够灵活处理直播间遇到的各种突发状况。

素养目标

1．具备直播行业职业道德，有自己的职业规划。

2．遵守《网络主播行为规范》的规定，守好底线，提升直播的格调与品位。

3．培养并坚持"以诚待人，以信立身"的传统美德。

任务一　做好直播前期准备

一场火爆的直播背后有很多人的付出和努力，前期准备工作更是必不可少。小艾第一次接触直播带货时，前辈告诉她，专业直播的准备工作包括组建直播团队、搭建直播间、设计直播封面图和标题，以及撰写直播脚本。

活动一　组建直播团队

要想做直播，第一步就要组建自己的直播团队。小艾第一次参与直播时，她所在的直播团队有7个岗位，每个岗位的基本职能各不相同。

1．主播

在一场直播中，主播是出镜最多的人，他承担着在镜头前讲解商品和活跃直播间氛围的任务。在直播开始前，主播要熟悉直播流程，了解商品，掌握商品的特点、利益点等。在直播过程中，主播要能够全面、流畅地介绍商品，引导观众购买，并通过有效的互动充分调动观众的情绪，不断活跃直播间的氛围。例如，主播及时回答观众提出的问题，通过发红包、连麦等方式与观众进行互动，并积极引导观众关注直播间等。

在直播结束后，主播要与直播团队中的其他成员对直播进行复盘，例如，分析直播是否达到了预期效果，总结直播是否存在问题，哪些地方做得好，哪些地方需要进一步完善，等等。此外，主播还要做好下一场直播的准备。

2. 副播

副播是协助主播进行直播的人，按照直播的流程，副播的工作内容如表5-1所示。

表5-1　副播的工作内容

直播流程	副播的工作内容
直播前	① 了解合作商家的商品、品牌等信息； ② 与直播团队成员确定优惠券的发放方式及发放时间； ③ 进行直播测试，确认直播所需的商品、道具等物品全部到位
直播中	① 充当模特，试吃、试穿、试用商品； ② 辅助主播介绍商品，补充讲解主播遗漏的商品信息； ③ 向观众讲解领取优惠券的方式； ④ 回答观众提出的问题，提醒观众关注直播间
直播后	① 与团队共同进行直播复盘； ② 协助主播处理订单； ③ 进行下一场直播的准备

3. 场控

场控人员要在直播前进行相关软硬件的调试，开播后负责管理直播间的中控台，协调商品临时的上架与下架，发布优惠信息、红包公告，进行抽奖，并随时根据直播间要求更改商品价格等。此外，场控人员还要控制直播间的节奏，维护直播间评论区的秩序，活跃直播间的氛围，使整个直播间保持良性互动，使主播可以在良好的心态下与观众进行互动。

4. 直播策划

直播策划人员主要负责撰写直播方案，包括明确直播主题、根据直播主题确定上播的商品、确定直播时长、规划每款商品的介绍时长、针对直播间内不同等级的粉丝设计不同的福利方案。

此外，直播策划人员还需要与公司其他部门保持有效的沟通。例如，在选择商品时，直播策划人员要与公司管理层、采购部门进行沟通，确定选择哪些商品上播，并确定上播商品的库存情况。在策划直播方案时，直播策划人员要与主播、副播沟通直播脚本、直播活动和直播预告的设置方案。直播结束后，直播策划人员要与场控人员配合整理直播内容，以便直播团队进行直播总结，并将直播内容剪辑成短视频进行发布。

5. 运营

运营人员一般包括商品运营人员和活动运营人员。商品运营人员主要负责确定上播的商品，并挖掘商品卖点，做好商品优化等；活动运营人员主要负责收集活动信息，策划直播活动方案，执行活动计划等。

6. 数据分析

数据分析人员主要负责收集直播数据并对数据进行分析，根据数据分析结果提出优化建议。一名优秀的数据分析人员不仅能在发现直播间人气不高时快速地对直播间进行付费引流，还能从某个节点联系到整体，针对整场直播提供全局性的优化建议。

7. 客服

在电商直播中，客服人员主要负责对接观众，该岗位的具体职责如表5-2所示。

表5-2 客服的岗位职责

岗位职责	具体要求
熟悉并传达商品信息	熟悉商品信息，掌握一定的沟通技巧，能够向观众准确解释并形象描述商品的卖点与优势
专业、贴心地服务	热情、耐心、高效、准确地答复观众针对商品提出的各类问题，不能向观众抱怨，不能拒绝回答问题。客服人员要在观众心中建立一个专业贴心、服务周到、值得信赖的形象，让观众产生宾至如归的感觉
做好订单备注	及时、准确地进行订单备注，确认好后第一时间向打单人员反映，以防出现错发或漏发商品的情况
灵活应对恶意观众	当遇到恶意观众且其影响到直播的正常进行时，客服人员需要采取有效措施阻止该观众继续影响直播，如客服人员可以向同事或平台方求助，屏蔽该观众在评论区的发言

活动二 搭建直播间

直播间的搭建与布置是一个系统性的工程，小艾所在的团队需要选择合适的直播设备，选择直播场地，布置直播环境，规划直播画面构图。

第1步　选择合适的直播设备

直播设备是打造高质量直播的硬件保障。在直播之前，直播团队需要选择合适的直播设备，并将各种设备调试到最佳状态。

1. 根据直播规模选择设备

不同规模的直播需要用到的设备不同，具体情况如表5-3所示。

表5-3　不同规模的直播需要的设备

直播规模	说明	需要的设备
个人直播	个人直播相对来说比较简单，适用于个人带货、线上培训或会议等简单活动。这类直播看重画面的清晰度，画面要能够突出主播本身或者商品、讲义等，观众能和主播顺利进行交流即可，对画面构图和拍摄效果没有非常严格的要求	使用可以支持拍摄480P/540P标清视频画质或720P/1080P高清视频画质的手机，以及合适的直播App即可开播。当然，根据所需展现的效果，可适当加配不同的辅助工具，如补光灯等
小型直播	相较于个人直播来说，小型直播的制作更为精良，呈现的画面更为清晰，这种直播一般适用于电商直播、学术研讨会、嘉宾访谈等活动	这类直播对画面的要求相对较高，这种情况就需要用到专业摄像机，运用推、拉、摇、移等拍摄手法拍摄更具表现力的画面，再配合高清摄像头和导播一体机，满足多机位切换、录制、调音等多种摄制需求；还要配备摄像机三脚架、灯光设备、收音设备、提词器、调音台等
大型直播	相较于小型直播，大型直播更适合各种发布会、云峰会议、重要活动、线上年会、大型访谈节目等，这样的直播对直播设备的要求非常高，可能需要制作虚拟舞台、虚拟背景等效果	需要专业级的4K摄像机、直播编码器、导播一体机，以满足直播、录屏、绿幕抠像、虚拟演播室、画中画等多交互场景的制作。为了达到完美的直播效果，除了摄像机三脚架、提词器、收音设备；还需要额外考虑到灯光设备；如果是直播大型会议，需要使用演播厅平板灯；如果是大型直播活动，还要额外考虑监控系统和监控团队，负责信号监看、音质和画面监督等

2. 根据直播地点选择设备

根据直播地点的不同，直播可以分为室内直播和室外直播两种。直播的地点不同，需要的直播设备也不同。

（1）室内直播常用设备

室内直播常用的设备主要有视频摄像头、话筒、声卡、灯光设备、支架等。

①视频摄像头

视频摄像头有3种类型，包括带有固定支架的摄像头、软管式摄像头和可拆卸式摄像头，如表5-4所示。

表5-4　视频摄像头的类型

类型	说明	功能优势	图示
带有固定支架的摄像头	可以独立放置于桌面，或者夹在计算机屏幕上，使用者可以转动摄像头的方向	比较稳定，有些带有固定支架的摄像头甚至自带防震动装置	
软管式摄像头	摄像头带有一个能够随意扭曲身形的软管支架	软管能够多角度扭转，即使被扭成"S""L"等形状仍然可以保持固定，可以让主播进行多角度的自由拍摄	
可拆卸式摄像头	摄像头可以从底盘上拆卸下来	单独的摄像头能够被内嵌、对接卡扣在底盘上，主播可以使用支架或其他工具将其固定在屏幕顶端或其他位置	

②话筒

话筒主要分为动圈话筒和电容话筒2种，如表5-5所示。

表5-5　话筒的类型

类型	说明	图示
动圈话筒	声音清晰，可以真实地还原高音，但其收音范围小，收音的饱满度较差	
电容话筒	音效饱满、圆润，让人听起来非常舒服，不会因为高音产生尖锐的突兀感。但由于其敏感性非常强，容易形成喷麦，所以主播使用时可以为其装上防喷罩	

③声卡

声卡也叫音频接口，其工作原理是将主播通过话筒输入的音频信号转换成数字信号传送到系统，最后数字信号经过处理还原成音频信号，再输出到耳机、音箱等播放设备。声卡对输入和输出的音源做了处理，在一定程度上会让声音变得更好听。声卡大致可以分为外置声卡、内置声卡和板载声卡，现在市场上大部分是外置声卡，如图5-1所示。声卡一般可以连接话筒、手机、计算机、耳机等设备。

图5-1　声卡

④ 灯光设备

为了调节直播环境中的光线效果，直播团队需要配置灯光设备，一套完整的灯光设备包括主灯、补光灯和辅助背景灯。主灯一般选择冷光源的LED灯，如果没有特殊要求，10平方米左右的房间选用60W～80W的主灯即可；补光灯可以使画面更柔和，使主播的皮肤看起来更有光泽、更细腻，一般选择环形灯（见图5-2）或八角灯（见图5-3）；辅助背景灯一般安装在主播身后的背景上，以装饰直播场地或烘托氛围，也可以用来补光，使灯光效果更加完美。对于专业级直播来说，则需要配置专业的灯光组合，如柔光灯、无影灯、美颜灯等，以打造更加精致的直播画面。

图5-2　环形灯　　　　图5-3　八角灯

⑤ 支架

支架的作用有两个：一是放置摄像机、手机或话筒，这样主播可以解放自己的双手做其他动作；二是提高摄像机、手机、话筒的稳定性，提高直播画面的质量。图5-4所示为摄像机三脚架，图5-5所示为手机支架，图5-6所示为话筒支架。

图5-4　摄像机三脚架　　　图5-5　手机支架　　　　图5-6　话筒支架

（2）室外直播常用设备

主播除了可以在室内进行直播，有时还需要去室外直播，这样可以带给观众不一样的视觉体验。室外直播需要配置的设备主要有以下8种。

① 手机

在室外直播时，选择的手机应配置较好的CPU和摄像头，直播团队可以选用中高端配置的苹果手机或安卓手机。因为只有CPU性能够强，才能满足直播过程中的高编码要求，并解决直播软件的兼容性问题。

② 收音设备

由于室外的环境比较嘈杂，直播很容易受到周围人声、风声等环境音的干扰，所以直播团队需要使用外接收音设备来辅助收音。无线领夹话筒（见图5-7）小巧易携带，收音范围大，远距离收音也没问题，不过它容易受到环境信号干扰，适用于室外直播带货、美食探店等环境比较宽敞的直播活动；枪式话筒（见图5-8）具有较强的指向性，一般采用心型或超心型指向模式，即对于正面声源的收音指向性较强，而对其他方位的声音，随着位置的不同收音效果会出现不同程度的减弱。枪式话筒不用安装在身上，安装在手机支架上即可实现收音。

图5-7　无线领夹话筒　　　　　　　　图5-8　枪式话筒

③ 监听耳机

在直播时，监听耳机是非常重要的，它可以让主播与观众进行实时互动，如图5-9所示。室外的声音比较嘈杂，监听耳机的音质要好，要求高保真、无延迟、高还原、高降噪，以满足直播时的监听需求。室外直播一般使用无线监听耳机，这样便于携带。

④ 上网流量卡

室外直播需要信号强、流量多的流量卡，建议直播团队选用三大运营商的手机号流量卡。主播也可以使用随身Wi-Fi，这类设备一般具有超强的兼容性，可以连接声卡、手机、音箱等设备，如图5-10所示。

图5-9　无线监听耳机　　　　　　　图5-10　随身Wi-Fi

⑤ 手持稳定器

主播在室外直播时，来回走动是避免不了的，因此镜头难免会晃动。要想避免这种情况，主播可使用手持稳定器，如图5-11所示，以维持画面的稳定，保证观众的观看体验。

⑥ 移动电源

室外直播大多需要配置大功率、大容量的移动电源，如图5-12所示，以保证直播设备的供电。主播在购买移动电源时可根据自己的直播时长选择电源的电池容量和轻便程度。

图5-11　手持稳定器

图5-12　移动电源

⑦ 运动相机

如果主播在室外直播时不满足于手机平淡的拍摄视角，可以使用便携式的运动相机来拍摄，如图5-13所示。运动相机拥有广阔的拍摄视角，还可以拍摄慢镜头，主播可以在做徒步、骑行、自驾、爬山等室外直播时使用运动相机进行拍摄。

⑧ 自拍杆

主播通过手机直播时，使用自拍杆能够让直播画面变得更加完整，更具空间感。在室外直播时，比较常用的自拍杆有带美颜补光灯的自拍杆和能够多角度自由翻转的自拍杆。图5-14所示为多角度自由翻转蓝牙自拍杆。

图5-13　运动相机

图5-14　多角度自由翻转蓝牙自拍杆

第2步　选择直播场地

直播团队可以选择在室内或室外搭建直播间。直播团队选择搭建直播间的场地不同，需要关注的点不同。

1. 室内直播间

直播团队选择在室内搭建直播间时，直播场地要符合以下要求。

① 隔音效果良好，可以避免杂音干扰。

② 吸音效果良好，可以避免在直播时产生回音。

③ 光线效果好，可以提升主播和商品的美观度，减少色差。

④ 空间充足，为直播道具（如桌椅、黑板、花卉等）预留空间，也要为待播商品留出足够的空间。此外，还要为副播等工作人员预留足够的活动空间。如果需要展示一些体积较大的商品，就要增加空间的深度，以确保能够完整地展示商品。

⑤ 若使用顶光灯，室内高度一般控制在2.3～2.5米，以给顶光灯留下足够的空间，避免顶光灯位置过低而导致顶光灯入镜，影响画面的美观度。

直播团队可以根据直播主题和直播团队人员数量来确定直播场地的空间大小，如表5-6所示。

表5-6　室内直播场地的空间大小

维度	空间大小的要求
直播主题	如果是美妆类、美食类、小型生活用品类直播，直播团队选用8平方米的小场地即可，因为这类商品体积较小，且主播通常将商品放置在距离镜头较近的地方展示，因此这些商品需要的空间较小；如果是服装类或家用电器类、大型生活用品类直播，直播团队要选择15平方米以上的场地，因为这类商品体积较大，主播需要将商品放置在距离镜头较远的地方展示，因此这些商品需要的空间较大，且需要空间有一定的纵深感
直播团队人员数量	如果直播团队只有主播一个人，主播选用8～15平方米的场地即可，如果直播团队人员数量较多，有十几人，可以选择20～40平方米的场地

 知识窗

不管直播场地有多大，直播团队都需要做好场地不同区域的规划。下面以服装直播为例，介绍直播场地区域的划分。服装直播场地一般要划分出5个区域，包括直播区、员工工作区、货品准备区、物流区、货源备品区，如表5-7所示。

表5-7　服装直播场地规划

直播场地区域	说明
直播区	主播和副播直播区域，展示直播间背景、直播商品、道具。如果商家没有线下店铺，通常需要专门搭建直播区，以营造良好的直播环境，保证带货效果；如果商家有线下店铺，可以在店铺内划出一块区域用于直播，这样可以节省人力和资金成本，一边照应店内生意一边进行直播，通过直播为店铺导流，而店铺也为直播提供货源
员工工作区	客服人员、场控人员、运营人员等员工所在区域，以方便他们开展工作
货品准备区	摆放直播中需要介绍的商品样品，如果商品数量较多，则需要安排货架，将商品按照类别整齐地归置好，以便让幕后工作人员在最短的时间内找到所需的商品
物流区	商品的物流速度快，售后服务有保障，可以提高观众对直播间的评价。因此，直播间内产生订单后，相关工作人员要尽快确认订单，把订单中的服装放在物流区，第一时间联系物流公司发货
货源备品区	为了避免在忙碌的直播过程中出现错误，直播团队要在开播前一周制定好直播排期，设立货源备品区，提前摆放好一周内要直播展示的服装

2. 室外直播场地

室外场地比较适合展示体积较大的商品，或者需要展示货源采购现场的商品。直播团队选择室外直播场地时要考虑以下因素。

① 室外的天气情况。直播团队一方面要做好应对下雨、刮风等天气情况的防范措施，另一方面要设计室内直播备用方案，避免在直播中因遭遇极端天气而导致直播延期。另外，如果直播团队选择在傍晚或夜间直播，还需要配置补光灯。

② 室外场地不宜过大，因为在直播过程中主播不仅要介绍各类商品，还要回应观众提出的一些问题，如果场地过大，容易让主播把时间浪费在行走上。

③ 要保证室外场地的美观，而且场地中不能出现杂乱的人流、车流等。

第3步　布置直播环境

对直播环境进行合理的布置可以让直播画面更加美观，从而吸引观众在直播间内停留。小艾了解到，在这个环节，他们需要重点布置直播间的背景和灯光。

1. 布置直播间的背景

直播间的背景直接影响着观众的观看体验。直播间的背景要干净、整洁，并能够彰显直播主题，背景不能抢主播的风头。

（1）选择直播间背景风格

根据主播直播风格和直播主题的不同，直播间的背景可以呈现出简约大方、甜美可爱、成熟稳重等多种风格，如表5-8所示。

表5-8   直播间背景风格类型

风格类型	说明
简约大方	以浅色或纯色为主，这样的背景看起来更简约，营造的视觉效果也更宽阔
甜美可爱	可以选择使用粉红色、樱草色、丁香色等暖色系色调的背景，营造一种温暖、清新、甜美的感觉，视觉上更突出主播的个性
成熟稳重	背景颜色以纯色或深色为主，视觉上更沉稳，适用于话题比较有深度、状态较为严肃的直播主题

主播还可以在直播间使用虚拟背景，如城市全景图或者街道动图，以增加直播间的纵深感、空间感和高级感。

（2）利用配饰做适当的点缀

如果直播间的空间很大，为了避免直播间显得过于空旷，主播可以在直播间摆放一些配饰作为点缀，适当丰富直播背景，如小盆栽、玩偶、沙发等，这些别具一格的点缀不仅可以为直播间增添活力，也可以突出主播的品位和个性特征。直播团队在选择配饰时要遵循简洁明了的原则，所选择的配饰要与直播间背景的风格相契合。

2. 布置直播间的灯光

直播间灯光的布置也是十分重要的。灯光不仅可以营造气氛，塑造直播画面风格，还能起到为主播和商品美颜的作用。小艾在布置直播间时，由于不懂如何布置直播间的光线，导致直播间十分昏暗，视觉体验很差。经过总结，小艾发现自己在直播间布光方面存在的问题主要有以下5个，也了解了对应的解决办法。

- **灯具买了很多，但达不到理想效果**：在购买灯具之前，直播团队要先了解直播间的空间大小、自然光线的主要光源和光线强弱等情况，根据具体情况购买合适的灯具。
- **光线过硬，主播脸部反光或过曝**：尽量选择照射面积较大的光源，通过调节光源与主播之间的距离或者光源的亮度来达到最好的光照效果，解决光线过硬的问题。

- **主播和商品外形不突出，画面缺乏层次感**：直播间的光线分为主光和辅助光，直播团队要尽量用主光打亮主播和商品大部分的轮廓，用辅助光弥补主光不足的问题。

- **环境光源复杂，不知从哪里打光**：尽量关闭或屏蔽其他光源，主播站在主光源下直播，避免其他光源的干扰。

- **灯光布置良好，但商品的色彩还原度较低**：考虑灯光的显色指数和质量问题，如确有质量问题，及时更换。

具体来说，要想布置好直播间的灯光，直播团队要了解直播间的灯光类型、灯光的冷暖调性，并掌握相应的灯光布置方法。

（1）直播间的灯光类型

按照灯光的作用来划分，直播间内用到的灯光可以分为主光、辅助光、轮廓光、顶光和背景光。不同的灯光采用不同的摆放方式，其创造出来的光线效果也不同。

① 主光

主光是主导光源，决定着画面的主调，也是照射主播外貌和形态的主要光线，能够让主播的脸部均匀受光。直播团队在布置直播间内的灯光时，只有确定了主光，才能确定如何添加辅助光、背景光和轮廓光等。

主光应该正对着主播的面部，与视频摄像头上的镜头光轴形成0°～15°的夹角，以使主播面部的光线充足、均匀，面部肌肤显得柔和、白皙。不过，主光是正面光源，会使主播的脸上没有阴影，让主播的形象看上去缺乏立体感。

② 辅助光

辅助光是从主播侧面照射过来的光，能够对主光起到一定的辅助作用，增加主播整体形象的立体感，让主播的侧面轮廓更加突出。例如，从主播左前方45°方向照射过来的辅助光可以使主播的面部产生阴影，从而突出主播面部的立体感；从主播右后方45°方向照射过来的辅助光可以提高主播右后方轮廓的亮度，并与主播左前方的灯光形成反差，从而增强主播整体造型的立体感。

辅助光要放在距离主播两侧较远的位置，在让主播的五官更加立体的同时，也能照亮大环境中的阴影。

③轮廓光

轮廓光又称逆光，从主播的身后进行照射，形成逆光效果。轮廓光能够明显地勾勒出主播的轮廓，将其从直播间背景中分离出来，从而使主播的主体形象更加突出。直播团队在布置轮廓光时，要注意调节光线的强度。如果轮廓光过亮，会让主播前方显得昏暗。

④顶光

顶光从主播的头顶位置进行照射，能提高背景和地面的亮度，能够让主播的颧骨、下巴、鼻子等部位的阴影拉长，让主播的面部产生浓重的投影感，有利于塑造主播的轮廓。直播团队在布置灯光时最好将顶光放置在距离主播头顶2米以内的位置。

⑤背景光

背景光又称环境光，是照亮主播周围环境及背景的光线，其主要作用是烘托主体或者渲染气氛，它可以使直播间的亮度尽可能和谐、统一。由于背景光最终要呈现的是均匀的灯光效果，所以直播团队在布置背景光时要选用低亮度的灯光，采用多光源的布光方法。

（2）灯光的冷暖调性

灯光有冷光和暖光之分，冷光光色偏蓝，给人以清冷的感觉；暖光光色偏红，给人以温暖的感觉。如果条件允许，直播团队应尽量使用冷光调的LED灯。对于前置的主光和辅助光，尽量选择可以调节光源强度的灯，因为这样主播可以自主调节光源强度，以便达到较好的灯光状态。暖色调的柔光灯要反向照射到主播正面的墙上，配合使用反光板。在反光板上形成漫反射的暖光会让主播的气色看起来史好。

最基础的布光方式主要有冷暖两种选择，究竟以哪种光为主光，直播团队应该根据直播间的风格和商品的具体情况来确定。如果直播间的风格为温暖、自然，可以选择使用暖光。这时主光要为冷光，辅助光偏暖，然后添加两组暖色调的柔光灯进行补光，这样形成的整体效果偏暖，会让主播看上去更自然，更具亲切感。一些美食类直播间建议选择暖光，这样可以衬托美食的色泽，让观众更有食欲。

如果主播的直播风格偏正式、严肃，直播的内容具有较强的专业性和技术性，可以选择冷光。一般来说，主光应为冷光，辅助光为暖光，然后添加两组灯光进行补光，一组为冷光，另一组为暖光，两组结合偏冷光，这样能让整体环境形成冷光效果，会让主播看上去更加白皙。如果前面的灯光稍微加一些暖色，可以让主播的皮肤在显得更加白皙的同时带有一点红晕。服装、鞋靴和护肤彩妆类直播间大多采用冷光，这样能够保证商品的展示效果。

（3）直播间的灯光布置方法

合理布置直播间内的光源位置，或者通过改变主播或商品的位置来改善主播或商品的受光效果，可以使呈现出来的画面效果更具美感。

直播间常用的布置灯光的方法有以下5种。

① 三灯布光法

三灯布光法的具体操作方法为在主播的头顶放置一个大功率的球形灯作为顶灯，灯上加上灯笼柔光箱，这样顶灯既能形成顶光，又可以形成环境光。顶灯的功率和发光量要足够大，这样可以使整个画面通透，也可以使画面形成很好的立体感和质感。

在主播的正侧方放置一个辅助灯，灯架采用最低位，与顶灯照明形成亮度上的均衡。这样画面可以呈现一定程度的上下亮度渐变，但亮度的反差不会太大。

在主播的正前方放置一个环形柔光灯作为主灯，环形柔光灯自带柔光罩，光线非常柔和，即使是长时间直播也不会让主播感觉刺眼；而柔光灯柔和的光线能够使商品更有质感、更有吸引力。采用三灯布光法时各个灯的摆放位置如图5-15所示。

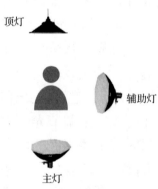

图5-15　三灯布光法

三灯布光法适用于服装、美妆、珠宝、人物专访等直播场景。

② 伦勃朗布光法

伦勃朗布光法也叫立体轮廓布光法，这种布光法通常使用斜上光源，这样能有效增加主播轮廓的立体感。斜上光是从主播头顶左右两边45°的斜上方打下的光线，在调试灯光的过程中使主播的眼睛下方的一侧脸上出现一块明亮的三角形光斑。伦勃朗布光法可以突出主播鼻子的立体感，彰显主播的脸部骨骼结构。

③ 蝴蝶光瘦脸布光法

很多主播希望把自己最美的一面呈现给观众，希望能够在直播画面中呈现出娇小的脸庞，这时可以使用蝴蝶光瘦脸布光法。这种布光法是让主光源在镜头光轴上方，也就是在人物脸部的正前方，由上向下45°方向投射到人物的面部，这样会把主播的颧骨、嘴角和鼻子等部位的阴影拉长，从而拉长主播的脸部轮廓，达到瘦脸的效果。需要注意的是，这种布光方法不适合脸庞太瘦或是颧骨太高的主播。

④ 顺光照明法

顺光照明法适合脸型匀称的主播。顺光照明法用两盏补光灯即可，一般是使用两盏加了柔光纸的功率相同的灯，在靠近摄像头左右两侧的位置以同等的距离、略高于摄像头的高度放置灯，将灯的光线投向主播。两盏灯的位置不能太高，以免主播脖子及鼻子下方产生太深的阴影。

顺光照明法也可以用一盏补光灯完成，补光灯应略高于摄像头，从摄像头的后方投向主播。如果主播面部两侧阴影太深，可以在主播面前放置一块反光板，用反光板将补光灯的灯光反射到主播面部，将阴影冲淡。

⑤ 侧光照明法

主光从与摄像头镜头大约呈90°的方向投射，会导致主播面部产生面积较大的阴影，这时需要使用侧光照明法。如果主播的脸比较胖，脸部左右两侧不对称，可以用侧光照明将较胖的面颊进行遮掩，这样有利于让主播在镜头前显得更完美。

第4步　规划直播画面构图

直播画面构图是影响画面视觉效果的重要因素，直接影响着观众是否会在直播间停留。主播应该出现在直播画面的中心位置，并和镜头保持一定的距离。

摄像头的位置要根据主播是展示全身还是半身来确定。如果主播展示全身，一般摄像头要对准主播的肚脐位置；如果主播展示半身，摄像头要对准主播胸口、腋窝下的位置。

直播画面分为横屏和竖屏两种，建议主播优先选择竖屏。竖屏的直播画面更加美观，更便于构图。合理的直播画面构图如图5-16所示：优先使用竖屏进行直播；画面上方1/4处留白，放置品牌Logo或商品贴图；中间部分主播半身出镜，面积占整个直播画面的1/2，主播要看向镜头；画面下方的部分为用来放置商品的前景操作台，其面积占整个画面的1/4；背景要以与商品相关的场景为主，强调简单、舒适。这样整个直播间就会被切割为上、中、下3个部分，在视觉上更具景深效果，使得直播间的画面更具纵深感。此外，直播间里物品的摆放要有层次感，形成次第延伸的效果，不要堆砌在一个空间截面上。

图5-16　合理的直播画面构图

👤 活动三　设计直播封面图和标题

直播封面图和标题会对直播间的流量产生影响。直播封面图和标题具有吸引力才能吸引观众点击进入直播间。在最近的直播实践中，小艾所在的团队在直播时获得的流量并不多，团队成员事后发现，他们的直播封面图和标题设计得比较随意，没有美感，不切合主题。于是，小艾及其团队成员开始重新设计直播封面图和标题。

第1步　设计直播封面图

观众打开直播软件，首先映入眼帘的不是主播的形象，也不是正在售卖的商品，而是直播封面图。现在是读图时代，图片比文字更具视觉冲击力，更能吸引人关注。因此，如果直播封面图可以在第一时间吸引观众注意，将有助于直播间从一大批竞争对手中脱颖而出，吸引更多的观众进入直播间。

直播团队在设计直播封面图时要注意以下事项。

1. 禁止低俗化

直播团队不能使用低俗图片作为直播封面图，否则一旦被系统检测到，直播封面图会被重置，严重者甚至会被封号。因此，销售类似内衣等贴身衣物的直播间不要使用模特图片作为直播封面图，在封面图中直接展示商品即可。

素养小课堂

网络直播本身具备一定的娱乐性，这一点无可厚非，但网络直播不能成为低俗文化的温床。网络直播应该成为弘扬主旋律、弘扬社会主义核心价值观的渠道。网络主播应该是传播真、善、美和正能量的媒介。如果放任网络直播的低俗化，势必会让网络直播最终变成携带有害价值观的毒瘤，继而危害青少年的身心健康，形成不良的示范效应，干扰社会正确的审美判断，冲击价值观的底线，产生极为严重的负面影响。

2. 尺寸合理，图片干净、整洁

直播封面图的尺寸一般为750像素×750像素，最小不能小于500像素×500像素。

此外，直播图片要干净、大方、清晰，给观众留下一个好的印象。直播封面图的背景要干净、整洁、物品摆放有条理。直播封面图上最好不要添加任何文字或其他装饰性元素，以免显得杂乱无章，影响观众的浏览体验。

直播团队在为直播封面图打标时，要根据规范将标打在同一位置，以保持整体的一致性，标的尺寸也要统一，一般最大尺寸为180像素×60像素。

3. 图片要完整

直播封面图上的人物或物品要显示完整，不能只显示人物或物品的一部分。另外，直播封面图不要使用拼接图片，拼接图片会让整个封面显得细碎，违反直播间封面干净、大方的原则。另外，加了边框的图片也不能作为直播封面图。

4. 色彩构成要合理

直播封面图的色彩要鲜艳，但不要过分华丽，能够体现直播主题即可。直播团队不要使用白色背景的图片作为直播封面图，否则会导致自己的直播封面图在众多直播封面图中不够突出、醒目，很难吸引观众。

5. 不要雷同

如果直播次数很多，直播封面图最好不要使用同一张或者极其相似的图片，否则会让观众以为多场直播的内容都是相同的，从而降低直播封面图的点击率。

6. 使用带有主播的图片

主播是整场直播的主角，将带有主播的图片作为直播封面图，有利于增加观众的信任感，从而吸引更多观众进入直播间。不过，图片中的主播也要符合直播主题，主播要展示商品，表情自然，充满自信，眼睛炯炯有神，同时摆出合理的姿势。

7. 构图要合理

直播封面图的构图要合理，出镜主播一般位于直播封面图的正中间，主播头部不要太高或太低，一般位于直播封面图上方1/3的位置，而商品要位于图片的正中间。

8. 突出主题

直播封面图要突出直播主题，与直播内容有密切联系，让观众在看到直播封面图时就知道直播的内容，从而决定是否进入直播间。

第2步 设计直播标题

为了吸引观众的注意力，直播团队在设计直播标题时可以采用以下技巧。

1. 突出直播主题

主播可以把能突出直播主题的关键词写在直播标题的最前面，让观众能够通过关键词快速了解直播主题。例如，销售服装的主播可以将学院派、田园风之类能够体现服装风格的关键词放在直播标题中，以吸引对这些风格的服装感兴趣的观众。

2. 简洁明了

直播标题不能过长，否则标题不能全部显示在页面中，也无法突出重点。一般直播标题为8～10个字。

3. 借助热点

人们对热门事件、节日、热门影视剧等的关注度是比较高的，直播标题如果能与热点形成关联，便很容易吸引观众的注意。

在捕捉实时热点时，主播要保持理智，尽量不要触碰涉及法律法规、道德伦理、国家政治和民族利益等内容的热点。热点是一把"双刃剑"，用得好，短时间能为直播间带来巨量曝光；用得不好会起到反作用，损害个人或品牌的形象。

4. 直戳痛点

主播可结合当场直播中核心商品的作用，抓住观众的核心痛点并加以揭示，使有该痛点的人群自觉对号入座，吸引其进入直播间了解解决方法。例如，销售服装的直播间可以将直播标题设置为"小个子女生的穿搭技巧"。

5. 制造悬念

主播可以利用人的好奇心来撰写直播标题，通过制造悬念来吸引观众的眼球，提升观众观看直播的兴趣。

提问是一种制造悬念的有效方式，它可以强调问题的存在，促使观众在看到问题时产生思考，进而为了获得答案进入直播间一探究竟。图5-17所示的直播间就以"商品防盗器如何选择？"这个问题作为标题，使对商品防盗器感兴趣的观众产生疑问和好奇心。而某销售玩具的直播间在直播标题中展示了一件令人惊奇的事情——"她家的书竟然会说话"，如图5-18所示，这无疑会激发观众的好奇心。

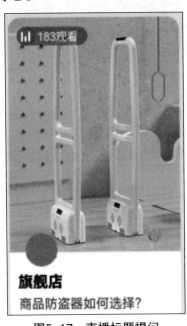

图5-17 直播标题提问

图5-18 激发好奇心

6. 制造反差感

直播团队可以另辟蹊径，"不按套路出牌"，运用逆向思维，从不同的角度采用逆向表达的方式说出希望观众去做的行为，制造巨大的反差，从而吸引观众的注意力。

7. 提炼利益点

直播团队可以把直播中最有吸引力的一个利益点提炼出来放在标题中，抓住观众想要从直播中获得实际利益的心理。这个利益点可以是物质利益，也可以是知识或技能。图5-19所示的直播标题就向观众展示了直播中商品价格实惠和赠送福利的利益点。

8. 使用数字

人的大脑会过滤掉那些同质化的信息，优先识别不同的信息，而在直播标题中使用数字，可以增强标题的辨识度，让直播标题变得更加简洁和直观，降低思考难度，因此可以迅速吸引观众的注意，如图5-20所示，直播标题中的"39.9元"很醒目地展示了商品的实惠，能快速吸引观众的目光。

图5-19　提炼利益点

图5-20　使用数字

👤 活动四　撰写直播脚本

一场成功的直播离不开一个逻辑清晰、严谨的直播脚本，因为直播中的任何一个环节都要精心准备，撰写一个详细、可执行的直播脚本是让直播流畅进行并获得良好效果的有力保障。正是认识到直播脚本的重要性，小艾在撰写直播脚本时谨慎、认真，争取考虑到直播过程中的方方面面。

在撰写直播脚本之前，直播运营团队首先要明确直播脚本的核心要素，包括明确直播主题、把控直播节奏、进行人员分工、控制直播预算等，如表5-9所示。

表5-9 直播脚本的核心要素

直播脚本核心要素	具体说明
明确直播主题	明确直播主题，即确定直播的目的是提高企业或品牌的知名度，还是开展大型促销活动，提高商品销量。明确直播主题后，整场直播的内容要围绕直播主题展开
把控直播节奏	合格的直播脚本应该将直播时间的规划具体到分钟，包括对介绍每款商品所用时间的安排、发放优惠券的时间、发放福袋的时间等
进行人员分工	明确直播参与人员的工作内容，让各个人员各司其职
控制直播预算	直播团队可以在直播脚本中提前确定好自己所能承受的优惠券的面额或关于促销活动的花费等，以控制直播预算

直播脚本一般以整场直播为单位，或以单品解说为单位，因此，直播团队可以撰写整场直播脚本和单品直播脚本。

1. 整场直播脚本

一场直播通常会持续几个小时，在这个时间段内，主播先讲什么、什么时候互动、什么时候推荐商品、什么时候给观众送福利等都需要提前做好规划，因此直播团队要提前准备好整场直播脚本。

一般来说，整场直播脚本的主要内容如表5-10所示。

表5-10 整场直播脚本的主要内容

直播脚本内容	说明
直播主题	从观众需求出发，明确直播主题
直播目标	明确直播希望达到的目标，一般是数据上的具体要求，例如观看量、点赞量、进店率、销售额等达到一定数值
直播时间	明确直播开始和结束的时间
直播人员	注意各个人员的分工以及职能上的相互配合，例如，主播负责引导观众关注直播间、介绍产品、解释活动规则，副播和运营人员负责与观众进行互动，回复观众提出的问题，发放优惠券等，后台人员/客服人员负责修改商品价格，与观众进行沟通，提高订单转化率等
注意事项	说明直播中需要注意的各种事项
直播流程	直播流程的细节要具体到分钟，详细说明开场预热、商品介绍、优惠信息、观众互动等各个环节的具体内容以及操作方法。例如，什么时间介绍第1款商品，介绍多长时间，抽奖时间等

表5-11所示为一个整场直播活动脚本示例。

表5-11　整场直播活动脚本示例

直播活动概述			
直播主题	海量童书低价抢，激发孩子们的童趣		
直播目标	"吸粉"目标：吸引5万观众观看。 销售目标：从直播开始至直播结束，直播中推荐的童书销售额达到10万元		
直播时间	2022年10月6日20:00—23:00		
参与直播人员	主播、副播、后台人员/客服人员		
注意事项	（1）丰富直播间的互动玩法； （2）不同商品配合专属场景，把控直播节奏； （3）注意及时回复观众的提问，多与观众互动，避免直播冷场； （4）主播和副播尽快熟悉商品信息，掌握不同系列的商品特征		

直播流程				
时间段	流程安排	人员分工		
		主播	副播	后台人员/客服人员
20:00—20:10	开场预热	自我介绍，暖场互动，介绍截屏抽奖规则，引导观众关注直播间	演示参与截屏抽奖的方法；口头回答观众的问题	向粉丝群推送开播通知；收集中奖信息
20:10—20:20	活动剧透	剧透今日新书、主推款童书，以及直播间优惠力度	补充主播遗漏的信息	向粉丝群推送本场直播活动
20:20—20:50	介绍第1款商品	分析童书的作用，讲解童书的内容	配合主播演示童书的封面、内页，引导观众下单	在直播间添加商品链接；弹出优惠券链接；回答观众关于订单的提问
20:50—21:10	互动	为观众答疑解惑，与观众互动	引导观众参与互动	收集互动信息
21:10—21:30	介绍第2款商品	讲述童书作者创作的经过及其经历，说明作者的个人经历与其创作之间的关系	配合主播演示童书的新版式和创新之处，引导观众下单	在直播间添加商品链接；弹出优惠券链接；回答观众关于订单的提问
21:30—21:45	福利赠送	向观众介绍抽奖规则，引导观众参与抽奖、下单	演示参与抽奖的方法	收集抽奖信息

时间段	流程安排	人员分工		
		主播	副播	后台人员/客服人员
21:45—22:10	介绍第3款商品	介绍第3款童书，这一款是主推款，重点介绍童书的版式、价格、内容、作者趣闻、开本等，强调童书的实惠之处和内容价值	配合主播演示童书的阅读场景	在直播间添加商品链接；弹出优惠券链接；回答观众关于订单的提问
22:10—22:50	商品返场	对3款童书进行返场介绍	配合主播介绍童书；回答观众的问题	回答观众关于订单的提问
22:50—23:00	直播预告	预告下一场直播的时间、福利、童书名称等	引导观众关注直播间	回答观众关于订单的提问

2. 单品直播脚本

单品直播脚本是围绕单个商品设计的直播脚本。主播一般会在一场直播中向观众推荐多款商品，这就要求主播清晰地了解每一款商品的特征、卖点和对应的优惠信息，这样主播才能有效地向观众传达商品的亮点、优惠措施，刺激观众的购买欲。为了帮助主播明确每一款商品的卖点，熟知每一款商品的福利，直播团队要为直播中的每款商品都准备一个直播脚本。

单品直播脚本主要包括商品品牌介绍、商品卖点、直播利益点和直播时的注意事项等要点，表5-12所示为某品牌家庭打印机的单品直播脚本。

表5-12　某品牌家庭打印机的单品直播脚本

项目	商品宣传点	具体内容
品牌介绍	品牌理念	创新简化生活
商品卖点	商品名称	××家庭打印机
	商品卖点	（1）技术先进：自带热点，支持5G互联，无须外接网络；支持多种设备连接；支持异地远程打印。 （2）资源丰富：幼儿园、小学、初中、高中学习资源应有尽有，额外送学习会员。 （3）功能丰富：可打印证件照、生活照、学生作业、表格文档。 （4）体积小：不占过多空间，放哪儿都可以，重量轻。 （5）操作简单：简单易用，按钮排列分明

续表

项目	商品宣传点	具体内容
直播利益点	"11·11"特惠	今天在直播间内购买此款家庭打印机享受"11·11"特价，下单备注主播名称即可
	留人措施	（1）直播间满5000人抽奖； （2）整点抽奖； （3）不定时推出优惠券； （4）问答抽奖
直播时的注意事项		（1）在直播进行时，直播间界面显示"关注店铺"卡片； （2）引导观众分享直播间、点赞等； （3）引导观众加入粉丝群

🎁**动手做**

利用课余时间观看一场带货直播，分析其直播流程，然后选择一款商品，如连衣裙、雪地靴、风衣等，为其撰写一个单品直播脚本。

任务二　上架直播间商品

要想在直播电商行业站稳脚跟，商品的选择和规划是重中之重。小艾回想起自己之前买到劣质商品时的经历，她认为，如果不认真选品，企业的良好形象自然无法树立。除了选择好的直播间商品以外，运营团队还要合理规划直播间商品的结构、定价和陈列。

👤 活动一　选择直播间商品

小艾所在的直播团队为了调动直播间气氛，吸引观众购买商品，决定成立选品团队，投入大量的精力和时间，依托强大的资源整合能力和充裕的资金来完善、丰富直播间内的商品品类，不断上架新款商品。

1. 选品原则

选品团队要站在观众的角度去思考，这样才能选出符合观众需求的商品，如果选品团队盲目地选择一些根本没有市场需求的商品，并臆想自己的商品有多么大的市场空间，其结果必然是惨淡收场。

选品团队在选品时要遵循表5-13所示的直播选品原则。

表5-13　直播选品原则

原则	详细说明
以用户为中心	选品时要以用户画像为依据。用户画像是根据用户的社会属性、生活习惯和消费行为等信息抽象出来的一个标签化用户模型，标签是通过分析用户信息得到的高度精练的特征标识。选品团队可以从用户画像中了解很多关于用户的信息，并根据这些信息挑选相应的商品。另外，选品团队要分析用户的购买心理，如适用、经济、可靠、安全、美感、好奇、求新、从众等，预测用户的购买行为
高性价比	高性价比、低客单价的商品在直播带货中普遍更占优势。一般来说，价格为 10 ～ 100 元的商品成为"爆款"的可能性更大，这符合直播用户的消费特征，因为低客单价的商品决策周期较短，更容易让用户在短时间内做出购买决策
高关联性	选品要与直播账号定位和主播人设具备高度的一致性和关联性。一方面，主播对这类商品的熟悉度更高；另一方面，这类商品也符合直播账号粉丝的预期和需求，更有助于提高商品的转化率
热门品类优先	直播带货平台上会有相对热门的商品品类，例如服饰、美妆护肤、食品饮料等。选品团队可以在这些热门的品类中选择与主播的人设相关且主播比较擅长的品类，以此增加产生"爆款"的可能性
有独特卖点	主播要熟悉商品的特性，找出该商品与其他商品的差异，并突出商品的特性。在介绍商品时，主播可以用"商品特征＋商品优势＋用户利益"的模式来阐述商品的卖点
品质有保障	选品团队要选择品质较高、质量过硬的商品，要先对各款商品进行深入的了解和分析，找到用户反馈好的商品，最好推荐自己使用过的商品
高频率使用	选品团队在选品时最好选择复购率高的快消品，快消品的使用频率很高，加上超高的性价比，很容易刺激用户的购买欲望
查看数据	有经验的选品团队会按照直播过程中的实时数据变化来调整选品。直播间主要的参考数据有实时在线人数、粉丝增长率、点击转化率及粉丝互动频率等。例如，可以通过查看数据，将点击转化率高的商品作为主推商品

2. 选品渠道

选品渠道主要分为线上选品渠道和线下选品渠道两种，两种渠道各有优势和劣势，直播团队要结合自身的实际去选择。

（1）线上选品渠道

主播通过线上渠道选品没有囤货的压力，发货也省时省力，方便快捷，缺点是主播无法看到商品实物，无法有效把控商品的质量。

目前线上选品渠道主要有3类，如表5-14所示。

表5-14　线上选品渠道的类型

类型	说明	特征
抖音精选联盟	抖音精选联盟是一个连接商家和主播的选品库。符合条件的商家入驻抖音精选联盟上架自己的商品，主播在该平台选择符合自己定位的商品。主播在线选择商品并试用后，制作商品分享视频或者通过直播带货。产生订单后，平台按期与商家和主播结算（类似的还有淘宝联盟）	商家和主播都可以在后台看到带货的数据和自己的收益，公开透明，避免了不必要的纠纷，能让主播将更多精力放在分享商品上；但抖音精选联盟对主播的带货能力要求较高，若主播粉丝数不多，销售能力也不强，在抖音精选联盟可选择的商品就很少
货源批发网站	比较知名的有1688阿里巴巴采购批发网，它是企业间的电子商务网站，为用户提供了海量商机信息和便捷安全的在线交易市场	上面有一手货源，拿货价格较低，有些商家还支持一件代发
其他电商平台	包括淘宝、京东、拼多多等	如果某商品在其他电商平台卖得好，说明其价格、款式、功能等各方面都具有一定的优势，主播将这样的商品放在直播间销售，做好推广，也会获得不错的销量，但"爆款"商品的竞争很大，因此主播在挑选商品时要查看该类商品在直播电商平台上的竞争度，尽量挑选在其他平台热销，而在自己所在的直播平台未被挖掘的商品，以降低竞争度

（2）线下选品渠道

线下选品渠道适合有一定资金实力的主播和直播团队，他们能根据自身情况控制货源、把控商品，但线下渠道囤货的压力较大，还会增加额外的人力成本。目前线下渠道主要有5类，如表5-15所示。

表5-15　线下选品渠道的类型

类型	说明
批发市场进货	批发市场的商品数量多、品种全、挑选余地大，可以让主播"货比三家"；进货时间和进货量比较自由；商品价格较低，可以让主播实现薄利多销。因此，从批发市场进货是新手主播的首选
厂家进货	正规厂家货源充足、信誉度高，如果主播与其长期合作，有机会争取到商品调换和退货换款的便利。不过，厂家要求的起批量非常大，在服装行业，起批量通常为数百件或上千件

类型	说明
品牌积压库存进货	品牌商品在网络上受到的关注度较高，但有些品牌商品库存积压较多，很多品牌商会直接把这些积压库存卖给网络销售商，这些品牌商品在本地属于积压品，但在其他地域很有可能是畅销品
寻找合作商	如果是超级头部主播，商家会主动通过私信、商务联系的方式寻求与其合作；主播也可以对外招商。其优点是品牌货后端有保障，商品的转化率较高，缺点是利润较低，因为品牌商要从中抽走一部分利润
自建供应链	优点是利润非常高；缺点是需要投入大量资金建设供应链，资金压力较大。这种选品渠道比较适合超级头部主播

3. 测品方法

在选择潜力比较大的商品后，主播还要进行测品，验证其销售潜力，确认该商品在市场中的认可度。如果该商品的市场认可度高，就有机会获得不错的流量和销量；如果商品投入市场之后几乎没有回应，就说明这种商品在市场上的受欢迎程度不高，在后期选品时要规避。

常用的测品方法有以下4种。

（1）短视频测品

主播将待测商品以不同销售话术、不同展示场景制作成多组带货短视频同步发布，主播可以根据短视频的完播率、点赞率、评论量、主页访问量等了解该商品的销售潜力，同时能判断不同的销售话术和展示场景对商品销量的影响。如果主播需要从多款商品中选出主力商品，可以为多款商品制作相似的短视频进行带货测试，从转化数据中选取销售情况更好的商品作为主力商品。

（2）直播间挂链测品

主播在直播过程中，把几款备选商品同步上架，在不介绍的情况下观察它们的自然点击率和转化数据，并根据测试结果实时调整商品介绍策略。当有一款备选商品的自然转化情况较好时，主播可以临时对这款商品进行介绍，进一步测试其转化效果。

（3）直播间互动测品

在直播过程中，主播也可以通过主动向观众提问的方式来了解观众的需求。例如，主播可以描述某一生活场景并提示痛点，让观众回应是否会在生活中遇到这样的场景。如果观众的反响强烈，则说明解决该痛点的商品有较大的市场需求。

（4）装饰性测品

主播可以把要测试的商品放在直播间内的商品展示区。例如，主播在试穿一款连衣裙时戴上一顶帽子，看观众对帽子的提问次数，测试帽子受欢迎的程度。

活动二　规划直播间商品结构

直播间的商品结构会直接影响直播商品的购买转化率。小艾所在的直播团队在直播带货过程中规划的商品结构包括印象款商品、引流款商品、福利款商品、利润款商品和品质款商品，这也是直播间常见的商品结构，如表5-16所示。

表5-16　直播间的商品结构

商品结构	说明	备注
印象款商品	即促成观众在直播间第一次产生交易的商品。当观众在直播间产生第一次交易以后，会对主播或者直播间留下印象，形成一定的信任度，他很可能会再次进入直播间，所以印象款商品的重要性是毋庸置疑的。印象款商品的特点是实用，且人群覆盖面广	适合作为印象款商品的可以是高性价比、低客单价的常规商品。例如，在直播间卖包的主播可以选择零钱包、钥匙包等作为印象款商品
引流款商品	即能为直播间带来流量的商品，这些商品的价格比较低，毛利率趋于中间水平。引流款商品应是大众商品，可以被大多数观众接受	引流款商品一般放在直播的开始阶段销售，观众的购买决策成本较低，再以抢购活动提升直播间紧张的购物氛围，可以快速提高商品转化率
福利款商品	即无利或微利、特别受欢迎、性价比非常高的商品，一般是粉丝专属商品，也就是所谓的"宠粉"款商品，直播间的观众加入粉丝团以后才有机会抢购福利款商品	对于福利款商品，有的主播是采取"免费送"活动作为福利，回馈粉丝；有的主播是将其做成低价款，如"原价99元，今天'宠粉'价79元，限量1万件"，以此激发粉丝的购买热情
利润款商品	即提高直播间整体利润率的商品。利润款商品在所有商品中要占较高的比例，应适用于目标受众群体中某一特定的小众人群，这些人追求个性，所以这部分商品突出的卖点及特点必须符合这部分小众人群的心理。主播一般要在用引流款商品将直播间人气拉升到一定高度后推出利润款商品	利润款商品有两种定价模式，一种是直接对单品定价，如"59元买1发2""129元 买1发3"等；另一种是将商品组合定价，如护肤套盒、服装3件套等

续表

商品结构	说明	备注
品质款商品	又称战略款商品、形象款商品，它起着提高直播间品质，提升品牌形象的作用。品质款商品的意义在于，它会让观众驻足观看，但又觉得高不可攀，所以品质款商品要选择一些高品质、高调性、高客单价的极小众的商品	品质款商品可以是设计师定制的限量商品，也可以是孤品、断码商品，主播推出这些商品的真实目的并不在于成交，而是用这些商品提升直播间的定价标准，有时一款品质款商品可以拉高直播间的平均售价

👤 活动三　确定直播间商品价格

商品价格是决定观众是否在直播间下单的重要因素之一。小艾看过别人的直播，有些直播间的商品价格过高，商品销量惨淡；而有些直播间的商品价格过低，观众纷纷抢购，商品过早脱销，导致直播间盈利微薄。小艾据此认识到，主播要制定合理的定价策略，最大限度地降低成本，在保证自身盈利的基础上，为观众提供更多的优惠，以刺激他们的购买欲望。

直播间商品的定价方式主要有以下5种。

1. 商品组合定价

商品组合定价是把互补商品或关联商品组合在一起定价，以获取最大销售利益。

例如，一套夏季出街装一般包括T恤、短裤/裙子、墨镜、帽子和配饰。如果以上服装、配饰单独购买，总价可能会超过200元。但主播在直播间给出的价格非常实惠，同样是T恤、短裤/裙子、墨镜、帽子和配饰，T恤66元，短裤/裙子50元，帽子30元，墨镜、配饰都是赠品，这样一套装备总价只有146元。主播在说出商品的价格时，语速要快，声音要饱满，音量要大，向观众传达商品的优惠力度，刺激观众，使其兴奋起来，进而下单购买。

主播在直播之前要做好商品搭配。观众由于可以直接买到套装，节省了自己搭配套装的精力，并且支付的价格实惠，会有一种超值的感觉，会觉得十分满足。

2. 阶梯定价

阶梯定价是指按照不同的购买数量给出不同的价格，一般购买的数量越多，价格越低，主要用于销售客单价较低或成套售卖的商品。

例如，某款婴幼儿商品，原价为39.9元/件，直播间第1件卖29.9元，第2件卖19.9元，第3件卖9.9元，第4件免费，限量2万件，主播引导观众在直播间直接下单，购买数量为4件。阶梯型的价格递减可以给观众带来巨大的冲击力，刺激观众很快产生下单购买的欲望。

主播在介绍商品时要突出商品的价格优势，在直播时可以利用小黑板将原价标出来，让原价与直播间的价格形成鲜明的对比；同时通过快语速和高音调向观众传达商品的优惠力度，使观众的情绪激动而兴奋，刺激他们下单购买。

3. 非整数定价

非整数定价是指把商品定为带有零头的价格，这种定价方式可以激发观众良好的心理反应。例如，将一件商品的价格定为9.9元要比定为10元更能激发观众的购买欲望。非整数定价并非只使用严格意义上的非整数来定价，将300元的商品定价为299元也属于非整数定价。

4. 成本加成定价

企业要想在竞争异常激烈的市场经济中存活并发展，就必须获得一定的利润，因此商品的定价要高于生产经营该商品的成本，这就需要用到成本加成定价法。

在成本加成定价法之下，企业要把所有为生产某种商品而发生的费用计入成本的范畴，计算单位成本的变动情况，合理地分摊固定成本，然后在总成本的基础上按照目标利润率来确定价格，其计算公式：单位商品价格＝单位产品总成本×（1+目标利润率）。

例如，一双鞋子的总成本是30元，目标利润率为20%，那么企业对该鞋子的定价为30×（1+20%）＝36元。

一般来说，同类商品的成本和利润率比较接近，定价也相差不大，相互间的竞争也不会太激烈，而且容易给消费者带来一种合理公平的感觉，易被消费者接受。

5. 竞品对比定价

竞品对比定价是指通过对比行业内的商家、达人对商品的定价来给自己的商品定价。很多消费者在购买某商品之前会把与该商品有密切关联的同类商品的价格作为参照，对它们的价格进行比较。因此，了解竞品的定价区间有助于商家为自己的商品制定一个更具有竞争力的价格。

👤 活动四　陈列直播间商品

主播将直播间内的商品按照一定的规律进行陈列，不仅能让商品显得整齐、规则，还能为观众选购商品提供较大的便利，从而促使观众尽快下单。小艾向公司前辈询问后得知，直播间的商品陈列方式主要有主题式、品类式和组合式3种。

1. 主题式

主题式陈列方式就是按照某个主题来陈列商品，如节假日促销、季节性和商品品类等主题。

节假日促销主题包括中国传统节假日主题和文化历史主题；季节性主题主要为春季、夏季、秋季、冬季等主题；商品品类主题是在直播间只陈列相同品类的商品，如零食、服装、美妆、厨卫等。例如，某直播间的主播在介绍保温杯，陈列架上放置的都是水杯，如图5-21所示。

2. 品类式

品类式陈列方式主要是通过品类的组合，为观众营造商品琳琅满目、可以充分选择的购物氛围，整个直播间就像一个百货店，商品应有尽有。图5-22所示为某主播在直播间卖货，该主播所卖的商品品类繁多，有收纳盒、花瓶、水杯等，如同一个百货店，给观众提供了很多的选择。

图5-21　主题式

图5-22　品类式

3. 组合式

组合式陈列方式主要是通过强调商品与商品之间的紧密联系和搭配，引导观众将商品组合起来下单。例如，某主播在直播间演示如何使用搅拌机搅拌面粉，制作面包，不仅推荐烤箱、搅拌机，也推荐相关的烘焙模具、烘焙油布等，如图5-23所示。

图5-23　组合式

📘 **经验之谈**

主播在进行商品陈列时，很多时候会用到陈列架。有些直播间里的陈列架放在镜头之外，需要展示什么产品时，主播再去拿，这样其实不太好，因为主播离开画面的次数太多，很容易导致观众流失。因此，主播要提前把直播时要介绍的商品放在镜头能拍到的陈列架上，且摆放整齐，让观众看得清楚。如果商品太多，可以提前让副播调整商品的位置，做到让主播不出画面就能拿到相关商品。

任务三　使用直播话术

直播话术是主播在直播时对商品的特点、功效、材质等各方面所做出的口语化表达，是吸引观众在直播间停留和下单付款的关键。小艾和团队其他成员都知道直播效果、直播带货业绩都与直播话术有着密切的联系。因此，他们非常注重在直播中使用相关的话术。

👤 活动一　使用开场欢迎话术

直播开场后，主播要尽量对每一个新进入直播间的观众表示欢迎，要让观众知道你发现他并关注到他了。主播可以读出观众的账号名称，如"欢迎×××来到直播间，你的名字很有意思，是有什么故事吗？"

主播要热情地与观众互动，引导观众点赞、留言，从而增加直播间的人气，例如："欢迎来到直播间的朋友们，喜欢主播的可以在上方点个'关注'，点点小红心。"同时，主播可以借机传达直播内容，如"欢迎大家进入直播间，今天要给大家介绍的是×××，感兴趣的话记得关注主播。"

为了快速吸引观众的注意力，主播可以在开场时预告福利，介绍直播商品的优惠力度，在一开始就刺激观众的购买欲望，例如："今晚只要是在直播间购买商品的粉丝都可以获得主播赠送的太阳镜。咱们的服装是商场正品，质量超级好，版型又正，价格还不贵，真的超值，今天买到就是赚到，所以大家下手要快。"

主播还可以在开场时设置抽奖活动进行暖场，同时引导观众参与互动，例如："话不多说，正式开播前先来一轮抽奖。请输入口令'××××'，我会随机截屏5次，每一屏的第1位朋友可以获得100元现金红包。"

常见的开场欢迎话术如下。

"欢迎大家来到我的直播间，希望朋友们多多支持，多多捧场！"

"嗨，大家好，我是×××，欢迎大家来到×××直播间，今天'6·18'年中大促销，我为大家带来多款超值商品，今天来直播间的朋友们可以享受超低价。"

"欢迎×××来到直播间，每次直播都能看到你，感谢你的守护，非常感动。"

"我是×××，欢迎大家来到我的直播间，今天我来给大家分享几个护肤小技巧，学会了以后你也可以有效地护理自己的皮肤，记得关注我，了解更多简单、易上手的护肤技巧。"

"欢迎各位朋友，大家晚上好，大家能听到我的声音吗？大家可以在评论区回复'1'表示自己在看直播。我看到×××已经来了，你好。"

"大家好，欢迎大家进入我的直播间，今天晚上我准备了超多惊喜福利，机会难得，大家不要错过哦！"

活动二 使用互动留人话术

小艾在直播时过于紧张，把提前背好的商品介绍话术一口气说完了，但她发现直播间的观看人数不断减少。经过同事提醒，她了解到直播间人数减少是因为自己没有与观众互动。

直播间留人和互动是相辅相成的，主播要留住进入直播间的观众，提高直播间的观众留存率，除了为观众提供福利以外，还要与观众展开互动，及时回答观众提出的问题，让观众感到贴心。

1. 留人话术

用好留人话术的关键是用福利激励观众。福利激励不仅能用在直播开场，在整个直播过程中，主播可以每5～10分钟就发放一次福利，以此吸引观众的注意，例如："直播间的朋友们，12点整的时候我们开始抽免单名额，还没有点'关注'的朋友点个'关注'，加入我们的粉丝团，12点整就可以参与抽免单了，还可以找我们的客服领取10元的优惠券。"

一般来说，留人话术也会引导观众关注直播账号，常见的留人话术如下。

"刚进入直播间的朋友们，记得点击左上角的按钮关注直播间哦。我们的直播间会不定期地发放各种福利。"

"想要继续了解穿搭技巧、美妆技巧的朋友们，可以关注一下主播哦。"

"喜欢我的朋友们请动动你们的小手，点击'关注'，12点整就可以参与抽福袋了。"

"感谢×××的关注，还没关注直播间的朋友抓紧关注哦，主播每天都会给大家带来不同的惊喜。"

"主播今天会在关注直播间的朋友中抽取一位向他赠送神秘大奖，还没关注的朋友抓紧时间关注哦。"

2. 互动话术

一般来说，在直播间提问的观众有很强的购买意愿，因此遇到观众提问，主播要扮演客服的角色及时回复，解决观众的问题，同时用福利话术引导观众，从而促进成交。例如，当有观众在评论区留言："主播，能把这条裙子和刚才的小西装配一下吗？"主播要及时回复："×××，您好，您可以先关注主播，马上为您试穿哦。"在回答观众的问题时，主播要细致耐心。可能会有很多观众问同一个问题，主播有时候需要反复回答相同的问题，所以要耐心、真诚，这样才能留住观众。

除了回答观众的问题外，主播还可以引导直播间的观众参与互动，包括评论、点赞、点击购物车或商品、加入粉丝团等。主播可以通过以下方式来引导观众在评论区进行有效互动。

• **提问式：**所提出问题的答案只能是肯定的或否定的，观众用几个字就可以表明观点，例如："这款口红你们用过吗？""刚才分享的小技巧大家学会了吗？"

- **选择式：** 主播通过抛出选择题引导观众参与互动，并从中获得反馈，例如："想要A款的打出'1'，想要B款的打出'2'。"
- **刷屏式：** 观众参与互动并发言，会让新来的观众感受到直播间的活跃度，产生对直播内容的好奇心，例如："想要这款商品的朋友请在评论区打出'想要'两个字。"

在整场直播中，主播每隔5～10分钟就要提醒观众参与互动。常见的互动话术如下。

"看了刚才的穿搭演示，不知道大家有什么想法，欢迎在评论区留言。"

"刚才我教了大家怎样在15秒内画好眼线，大家觉得这个方法怎么样？你们学会了吗？"

"今天有一位神秘嘉宾来到我的直播间，大家猜一猜他是谁。"

"刚才我介绍的这款商品，觉得好看的请在评论区打出'1'，觉得不好看的在评论区打出'2'。"

"朋友们，不要吝啬你们的赞，让我看到你们的热情。"

👤 活动三　使用商品推介话术

商品推介话术是指主播在展示商品的过程中，介绍商品优势和卖点的话术，这是直播话术中最能够影响商品转化率的话术。小艾把商品推介话术记得很牢，但在观看其他主播的话术之后她才发现自己的话术存在缺漏。在观看、分析了其他主播的商品推介话术后，小艾总结出了商品推介话术的要点，如表5-17所示。

表5-17　商品推介话术要点

要点	说明	话术举例
建立信任感	由于观众接触不到商品，只能通过主播的描述来了解商品，所以，主播要从专业的角度出发来介绍商品，并提供商品的各项证明，证明商品的品质和口碑，从而让观众对商品建立信任感	这款雨伞在我们直播间的价格是59元包邮，到现在已经卖了15万把了。这家店的评分为4.9分，好评率为99%
提醒优惠政策	商品的优惠政策可以突出商品的高性价比，从而激发观众的购物热情	本款商品七折促销

续表

要点	说明	话术举例
多维度介绍商品	从商品的功效、成分、材质、价位、包装设计、使用方法、使用效果、使用人群等多个维度对商品进行介绍，语言要专业，这就要求主播对商品有足够深的了解，同时准备好单品直播脚本	我们的衣服是由专业版师制版的，符合孩子的生长需求和体形，穿着非常舒适，对孩子的皮肤不会有任何不良刺激，请放心购买使用
营造场景感	主播可以使用比喻句来描述商品特征，或为观众编织一个想象中的画面。富有场景感的描述可以让观众身临其境	喷了这款香水，就好像穿着白纱裙在海边漫步，享受着温柔的海风的吹拂，空气中充满了夏日阳光的味道

常见的商品推介话术如下。

"我给大家介绍的这款果脯不是风干的类型，它的果肉很新鲜，酸酸甜甜的，我相信你们会很喜欢吃的。"

"我现在穿的这套工装裙是羊毛针织裙，而且是灯笼袖，这种款式适合多种体形，非常适合上班时穿。"

"这款榨汁机是我用过的多款榨汁机里特别好用的一款，它的外观设计和安全设计都很到位。今天我为大家争取到了七折优惠价，买它是非常划算的。"

"穿上这件衣服走在大街上，你的回头率会非常高，每个人都会想多看你一眼。"

"专柜价199元，在我们直播间购买只要109元，我们还赠送一份精美礼品。"

"这件外套的款式十分新颖，两边是收腰的，带有几何波浪纹，是今年非常流行的一种款式。"

素养小课堂

主播在直播活动中，应当保证信息真实、合法，不得对商品和服务进行虚假宣传、欺骗、误导消费者。主播要真实、准确地介绍商品，不弄虚作假或在介绍商品时做出一些引人误解的说明或现场演示，也不能夸大商品或对商品进行过度美化。

活动四　使用促进成交话术

到了成交阶段，很多观众可能会犹豫不决，仍存有疑虑。小艾回忆起，自己在直播时明明把商品的优惠力度说了很多遍，但下单的人还是不多。在做直播总结时她了解到，原来是自己的促进成交话术存在问题。要想打消观众的疑虑，刺激观众快速做出购买决策，主播在使用促进成交话术时要讲究以下技巧。

1. 增强信任感

主播在介绍商品的时候可以运用多种方法来增强观众对商品的信任感。例如，主播在介绍商品时讲一些自己的家人、工作人员使用商品的经历；在直播间展示自己的购买订单，证明某款商品是"自用款"，且是自己重复购买的商品；在直播间现场试用商品，分享使用体验与效果，验证商品的功能。同时，主播还要描述商品对观众的价值，双管齐下，刺激观众的购买欲望。

2. 设置价格锚点

主播要善于为商品设置价格锚点，用对比价格影响观众对商品最初价格的评估。例如，主播说道："这款商品在天猫旗舰店的价格为79.9元1瓶，朋友们，今天晚上我给大家的价格是买2瓶直接减80元，相当于第1瓶79元，第2瓶不要钱，再多给大家减2元，我再送大家1瓶雪花喷雾，这1瓶也要卖79.9元的。"这个示例中，天猫旗舰店的价格就是主播设置的价格锚点，通过价格对比，观众会对主播给出的价格更加敏感，觉得价格很低，所以观众可能会快速下单并支付。

3. 营造紧迫感

很多观众在下单时会犹豫不决，这时主播就要用促进成交话术来刺激观众的购买欲望。促进成交话术的关键是营造抢购的氛围，增加观众的紧迫感，向观众发出行动指令，让他们抓住机会尽快购买。例如："这款商品数量有限，还剩最后100件，如果你看中了一定要及时下单，不然一会儿就抢不到了。""仅有今天购买这款商品的朋友才能享受到'买2送1'的福利，明天活动结束，价格会恢复到以前的水平。希望喜欢这款商品的朋友抓紧时间购买。"

常见的促进成交话术如下。

"不用想，直接拍，只有我们这里有这样的价格，往后只会越来越贵。"

"先付先得，最后2分钟，最后2分钟，活动马上就结束了，要下单的朋友们抓紧了！"

"我们直播间的商品支持7天无理由退货，收到货后觉得不满意可以随时退货，大家可以放心购买。"

"这款商品的原价是138元，为了回馈大家的厚爱，现在只要119元，喜欢这款商品的朋友请不要再犹豫了，错过今天就只能按照原价购买了。"

"这款超值的商品现在还剩下最后50件，大家抓紧时间下单，库存一直在减少，还剩40件……"

"在超市里你要花99元才能买一盒，而在我们直播间一盒只要79.8元。"

活动五　使用直播下播话术

在直播结束时，主播要友好、礼貌地与观众告别，对观众的支持和守护表示感谢，同时预告下一场直播的时间、要介绍的商品和提供的福利，甚至直接告知观众某款商品具体的上架时间段，方便一些不能一直坚守在直播间的观众购买。

常见的直播下播话术如下。

"本次直播就快要结束了，很舍不得大家，感谢大家这3个小时的陪伴，下场直播大家一定要来，主播还有很多压箱底的福利要送给大家。"

"明晚同样的时间，我们在下一场直播不见不散，主播会给大家带来本年度超火爆的商品，×××用了都说好。"

"谢谢大家，希望大家都能在我的直播间买到称心如意的商品，点击'关注'按钮，明天晚上8点我们不见不散哦！"

"大家还有什么想要的商品，可以在粉丝群里留言，我们会非常认真地为大家选品，下次直播时会推荐给大家。"

"我们看一下明天晚上会为大家介绍哪些商品，给大家预告一下。"

"感谢大家的关注，希望今天的分享能让大家有所收获。"

"我发现今天大家非常想要××，我会为大家争取一下，多备一些货，明天晚上大家记得来哦！"

🎁 **动手做**

构思开场欢迎、互动留人、商品推介、促进成交和直播下播等环节的话术，然后与同学们讨论，看谁的话术带货效果最好。

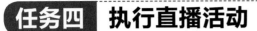

任务四 执行直播活动

直播策划得再完美，如果在执行直播活动时出了差错，最终的直播带货效果也会不尽如人意。小艾所在的直播团队已经做好了直播的前期准备，同时规划好了直播间的商品，小艾也把直播话术掌握得非常熟悉，接下来就要正式开始执行直播活动了。在此之前，团队成员都已经了解了执行直播活动需要做到的几点，分别是直播前预热、提高直播间人气、设计直播互动环节、处理直播间突发状况、付费推广直播、引导观众加入粉丝群等。

活动一 直播前预热

直播前预热是非常有必要做的，其对直播的引流有着十分重要的作用。如果直播开场时观众寥寥无几，会影响直播间的权重，也会影响后续直播间的观看增量。小艾了解到，直播前预热需要利用多个平台，包括社交平台、短视频平台、电商平台、企业官网和线下实体店等，尽一切可能从各种渠道为直播间引流。由于项目四已经介绍过用短视频为直播预热的方法，这一节具体介绍通过社交平台、电商平台、企业官方网站和线下实体店进行直播预热的方法。

1. 通过社交平台进行直播预热

随着移动互联网的发展，人们与各种社交平台的联系越来越紧密，目前社交平台拥有庞大而活跃的用户群体。凭借其用户规模庞大的优势，社交平台已经成为人们日常接触和沟通不可或缺的工具。因此，主播要认识到这一点，懂得在社交平台上进行直播预热。

（1）通过微信发布直播预告

主播通过微信发布直播预告的常见形式有两种，一是通过朋友圈宣传直播间、直播时间和直播主题，并设置转发福利，例如主播发布朋友圈："转发此条信息到朋友圈，凭借截图可领取5元代金券。"二是通过微信公众号发布直播预告，一般以长文案的形式进行直播预热，同时插入贴片或海报，清楚地说明直播的时间和主题。

（2）通过微博发布直播预告

微博具有使用便捷、能够快速与他人交流和分享信息、社交性强的特点。主播可以在微博进行直播预热，在短时间内将直播时间、直播内容传递给用户，并把直播间的亮点展现出来，从而引起微博用户的热烈讨论，提高他们对直播间的关注度。

经验之谈

　　微博和微信公众号的"大V"拥有庞大的粉丝群体，具有很强的号召力和影响力，其宣传能力要比一般的微博账号和微信公众号强很多，能给主播的直播间带来很高的转化率。因此，商家或主播可以请微博或微信公众号的"大V"为自己的直播间做宣传，借助其影响力使自己的直播间获得更多关注。当然，不同的"大V"有不同的定位，在寻找"大V"时，商家和主播要分析其定位是否与自己直播间的商品定位一致，只有选择合适的"大V"才能实现高效的宣传推广。

2. 通过电商平台进行直播预热

　　主播可以在电商平台上进行直播预热，例如网店店铺首页、订阅页面等，引导用户访问直播间，提高直播间的活跃度。例如，某旗舰店在其店铺的首页发出了当晚的直播预告，明确了直播的具体时间，用户可点击"预约直播"按钮进行预约，如图5-24所示。

图5-24　店铺首页直播预热

3. 在企业官方网站进行直播预热

　　企业官方网站拥有新闻发布、口碑营销、商品展示等功能，是企业面向社会的重要窗口，也是用户了解企业的重要途径。因此，主播和企业合作推销商品时，可以利用该企业的官方网站进行直播预热，这样不仅能够吸引更多用户关注自己的直播，还能借助企业官方网站证明自己所推销商品的真实性，赢得用户的信任。

4．通过线下实体店进行直播预热

主播拥有线下实体店或者与拥有线下实体店的品牌商合作时，也可以在线下实体店中进行直播预热。

现在有很多人热衷于线下购物，由于他们对商品存在需求，他们极有可能成为主播直播间的粉丝。在利用线下实体店为直播做预热时，主播可以从两方面入手，如表5-18所示。

表5-18　通过线下实体店进行直播预热

线下实体店	说明
店外展板	主播可以在线下实体店的店外设置包含直播信息的展板，在信息中突出直播的重点内容，如主播所在的直播平台、直播房间号、具体的直播时间，以及观看直播可能会获得的惊喜福利等，让消费者在看到展板时的第一眼就可以看到与直播相关的重点内容
店内宣传	主播可以叮嘱线下实体店内的店员，让他们在消费者结账时向消费者宣传直播信息。例如："您好，为了回馈新老顾客，店长明天晚上会在淘宝直播平台开启直播，直播间会有非常优惠的商品，欢迎到时观看"

活动二　提高直播间人气

主播在直播带货过程中会推荐大量商品，要想把这些商品都打造成"爆款"是不太可能的。主播除了设计直播互动环节以外，还可以合理安排商品的推荐顺序，用商品来为直播间增加人气，不断提高直播间商品销量。

经过学习了解，小艾熟悉了提高直播间人气的5个步骤。

第1步　剧透互动预热

直播开场给观众留下的第一印象是至关重要的，有一个好的开场，直播带货就会事半功倍。一般来说，直播开场时的观众人数不多，主播可以热情地与观众互动，通过剧透直播商品来预热，从而活跃直播间的气氛，为之后的直播爆发奠定基础。

第2步　"宠粉"款开局

第1步完成之后，整个直播间的气氛已经较为活跃，主播这时可以宣布直播正式开始，并通过性价比较高的"宠粉"款吸引观众，激发观众的互动热

情，使观众养成等待主播开播的习惯，增强观众黏性。但是在后续的直播中，主播不能让"宠粉"款商品返场，即使观众要求返场的呼声再高，主播也不能心软，可以告知观众在下一次直播时仍会有性价比超高的商品。

例如，在"维达旗舰店"直播间中，主播对当场新关注直播间的观众提供"宠粉"福利，要求观众关注账号，加入粉丝团，并送粉丝团灯牌，在评论区积极互动，每人只花9.9元就可买到30包手帕纸，如图5-25所示。

图5-25 "宠粉"款开局

第3步 "爆款"打造高潮

第3步所占用的时间要占整场直播的80%，但只介绍20%的商品。在这一步，主播要想办法提升直播间的氛围，主播可以利用在直播最开始的剧透引出"爆款"，并在接下来的大部分时间里详细介绍热门商品，通过与其他直播间进行互动来促成"爆款"的销售，将直播间的购买氛围推向高潮。

第4步 福利款制造高观看量

在直播的下半场，为了让非粉丝观众关注主播成为粉丝，或者让新粉丝持续关注主播，留在直播间，主播要推出福利款商品，向观众推荐一些超低价或者物超所值的精致小商品，以便引导其积极互动，从而制造直播间下半场的小高潮，持续提高直播间的观看量。

例如，某主播号召观众点击"关注"，等到增加100个粉丝后，为直播间的观众提供超低价商品，1包夏威夷坚果只要11.8元，如图5-26所示。

图5-26　福利款制造高观看量

第5步　完美下播为下场直播预热

主播在直播结束时不能马虎，否则会让观众产生不被重视的感觉。主播要利用好下播的时间段，有效地提高下播时的直播观看量，还可以提高下次开播时的直播观看量。

主播在下播时可以引导观众点赞，分享直播；使用抢购、与观众聊天互动等方式，在下播之前再制造一个小高潮，给观众留下深刻的印象，使其意犹未尽。同时，主播可以利用这一时间段为下次直播进行预热，大概讲解下场直播的福利和商品等。

活动三　设计直播互动环节

一场完美的直播离不开主播与观众之间的互动，观众参与互动越积极，其活跃度越高，直播效果才越好。因此，主播在直播过程中不能只顾自己说话，要引导观众热情互动，以营造直播间的热闹氛围，从而让直播间的热闹氛围吸引更多观众进入直播间。

小艾吸取了之前直播时未与观众互动的教训，在这次直播时，她使用多种方法设计了直播互动环节，如设置贴纸、派发红包、开展抽奖活动、发起互动小游戏、发放优惠券等。

第1步 **设置贴纸**

贴纸是提高直播效率的重要工具，主播在创建贴纸后，可以通过贴纸直观地向观众展示商品信息和店铺优惠信息，减少重复口播带来的时间损耗，为商品介绍留出更多的时间，从而促进购买转化。

主播可以在贴纸中展示模特的身高、体重及服装的尺码推荐等信息（见图5-27），也可以展示主题活动（见图5-28）、商品优惠内容等信息。主播在设置贴纸时要考虑好贴纸的大小和位置，贴纸要能让观众看清上面的信息，同时不会遮挡主播。一般来说，主播可以把贴纸放在画面的两侧。主播要根据自己直播间的背景来选择合适的贴纸。为了让贴纸更突出，最好让贴纸的颜色与直播间背景的颜色对比鲜明。

图5-27 尺码推荐

图5-28 主题活动

第2步 **派发红包**

为了活跃直播间的气氛，增加观众在直播间的互动，主播可以在直播间发红包，向观众提供具体、可见的利益。小艾在直播实践中产生的一个切身感受是，当她提到要发红包时，发评论的观众数会增加很多，让整个直播间的氛围变得热闹。

由于红包对观众的诱惑力很大，观众一般会积极参与，而观众在参与互动的同时能慢慢建立起对主播的信任。另外，主播要告知观众必须关注主播才能

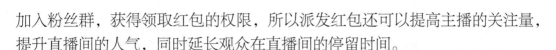

加入粉丝群，获得领取红包的权限，所以派发红包还可以提高主播的关注量，提升直播间的人气，同时延长观众在直播间的停留时间。

主播在派发红包时可以采用以下技巧。

1. 提前约定时间

主播在发红包之前要先与观众约定时间，提前告诉观众，自己会在5分钟或10分钟之后准时发红包，并引导观众进入直播间抢红包，而到了约定时间，主播或副播要兑现承诺，准时派发红包。为了营造热闹的氛围，主播可以在发红包之前倒计时，使观众产生紧迫感。

2. 根据直播间人数派发红包

在一开始直播时，观看直播的人数较少，主播可以间歇性地发放小额红包，为直播间积累人气，吸引更多人进入直播间。

当直播间的在线人数逐渐增加，并相对稳定时，主播可以增加派发红包的数量，让更多观众抢到红包，以免观众中途退出。主播派发红包的频率不要太高，并应适当延长观众抢红包的时间，以便更多新进入直播间的观众抢到红包，从而稳定直播间的在线观看人数。当发现直播间的在线观看人数明显减少时，主播可以立刻派发红包，以吸引观众在直播间停留。

当在线人数达到峰值时，主播可以派发大额红包，并增加红包数量，最大限度地"拉新"，以加强直播间的曝光效果。

3. 在特定节点派发红包

主播最好不要在整点或固定的时间派发红包，这样观众在掌握了主播派发红包的规律后可能只在固定的时间进入直播间抢红包，这样无法充分发挥派发红包的作用，无法增强直播间的互动性。主播可以在与观众的互动达到某种程度时派发红包，这样互动率才会更高，从而更快地提升直播间的人气。

4. 演示领取红包的方法

主播要一边向观众解释领取红包的条件，一边拿着手机对着镜头向观众演示领取红包的方法，而副播要在一旁烘托气氛。在发完红包后，主播要向观众展示抢到红包的人数和金额，强化派发红包活动的真实性，以激发观众更大的参与热情。

5. 派发口令红包

口令红包是指主播在红包中设置输入口令，观众输入红包口令后才能抢红包。红包口令一般为商品或品牌的植入，这样有利于接收红包的人在输入口令的同时对商品或品牌产生一定程度的印象。

一般来说，口令红包多采取优惠券的形式发放，观众在收到红包以后，必须购买商品才能使用红包，否则红包金额就只是一串没有任何意义的数字。因此，在抢到红包以后，很多观众会选择购买商品，以免浪费红包，这就有利于提高直播间的购买转化率。

要想获得更好的营销效果，主播就要对口令红包的使用做出限制，例如，红包必须满足一定条件才能使用（如满99元可使用），红包必须在限定时间内使用等。

 经验之谈

除了在直播平台上派发红包，商家和主播还可以在支付宝、微信、微博等站外平台向用户派发红包，并提前告知用户参与抢红包的条件是加入粉丝群。这一步是为了在站外平台引流，便于让直播形成二次传播。

第3步　开展抽奖活动

抽奖是主播在直播间常用的互动玩法，主要用来吸引观众的注意力，增强观众的黏性。观众普遍有追求实惠的心理，而抽奖活动就能够直接给观众提供实惠。如果直播内容满足了观众追求实惠的心理，观众很可能就会关注直播间，且在直播间停留的时间也会延长，消费的可能性也会增加。

小艾知道，开展抽奖活动并非简单地把奖品送出去，还需要掌握开展抽奖活动的技巧。

- 奖品最好是直播间推荐的商品，可以是直播间的"爆品"或新品。
- 主播要提前发布抽奖活动预告，让更多观众知道直播间在开展抽奖活动，并告知抽奖的形式和内容。
- 抽奖活动要分散于直播的各个环节，不能集中于某个时刻一次性开展完。
- 主播要注意直播的节奏，与观众互动。在抽奖之前，主播要提醒观众点赞、评论、发弹幕等，等到直播间的气氛活跃起来后再进行抽奖。
- 抽奖活动的整个过程要公开、公平、公正，不要让观众质疑抽奖的公平性。
- 主播在公布中奖名单时要对中奖的观众表示祝贺，同时让没有中奖的观众不要灰心，并告知观众下一次抽奖的时间、内容等，增加观众的期待感。

第4步　发起互动小游戏

在直播间发起互动小游戏，可以有效提高直播间的互动率和增加观看时长。所谓互动小游戏，是指以挑战赛的形式让主播与观众互动，点赞量会影响主播的分值，而主播挑战成功才能送出福利，主播要通过不断的口播与观众形成良好的互动，营造出真正的挑战感、紧张感和综艺感。

直播开始之前，主播要发出预告，让观众为了好玩的互动内容和预期的权益准时进入直播间，从而增加在直播间的观看时长，例如："××挑战赛，晚上8点开始，为主播点赞领红包！"预告方法可以是发送直播间顶部公告通知，也可以是直播间贴纸预告，或主播不断口播预告。

由于点赞量会影响主播在游戏中获得的分值，主播获得的分值越高，主播发出的权益才会越大，所以主播要引导观众点赞，以提高直播间的互动率。

主播要为挑战游戏配置一定的权益，可以是大额优惠券、红包或小样礼品。主播在设置权益时，要根据玩互动游戏的分值设置不同的层级，也可以从点赞的观众中抽取几位，额外赠送小礼品。

第5步　发放优惠券

优惠券是虚拟电子现金券，观众在直播间购买商品时，可以使用优惠券抵扣现金。主播向直播间的观众发放优惠券，可以加强与观众的互动，同时可以强化直播间的变现能力。如果观众对主播推荐的商品比较满意，此时主播向观众发放优惠券就可以有效刺激观众将消费想法转化为行动，刺激观众产生消费行为。

当然，发放优惠券有很强的灵活性和较大的选择权，优惠券的面额、发放对象和发放数量都由主播自己决定。

在发放优惠券时，主播要注意以下4点。

- 主播可以向直播间的所有观众发放优惠券，也可以限定观众可领取的优惠券的数量。主播还可以发布分享领券任务，观众需要成功邀请一位好友进入直播间，之后邀请者和被邀请者都可以领取优惠券。

- 主播要设置观众领取优惠券的规则，包括优惠券不兑现、有明确的使用期限、过期不补等规则。

- 主播可以为忠实粉丝开设专场直播并发放优惠券，为忠实粉丝介绍直播间的新品、经典品类和折扣商品等，以此激发忠实粉丝的购物热情，发挥优惠券的促销作用。

- 主播可以创建定向优惠券，使对商品感兴趣的观众关注主播和直播间，成为主播的粉丝后才能领取优惠券。

动手做

除了以上提到的互动方法，你觉得还有哪些互动方法有助于提升直播间人气？观看带货直播，找到其他的互动方法，记录下来并分析其对直播效果的影响。

活动四　处理直播间突发状况

主播在直播过程中难免会遇到各种突发状况，一个具有良好职业素养的主播应能合理应对和处理直播间的突发状况。小艾在直播时遇到过很多次质疑，甚至有些观众恶语相向，但她并没有崩溃，而是礼貌、友好地与观众沟通，改善了直播间的氛围。

下面介绍4种直播间最容易出现的突发状况以及应对这些突发状况的方法。

1．技术故障

技术故障属于客观因素导致的突发状况，如直播中断、画面卡顿、闪退等。此时，主播需要具体问题具体分析，并寻求解决办法。直播中常见的技术故障及其解决办法如表5-19所示。

表5-19　直播中常见的技术故障及其解决办法

技术故障	解决办法
直播中断	一般来说，造成直播中断的原因有两种，一是网络问题，二是直播内容违规被直播平台处罚。遇到这种情况，主播要先检查直播间所使用的网络是否稳定，如果是网络不稳定造成的直播中断，主播就将直播间切换到网络稳定的区域，最好为直播间单独配置一条网线。如果不是网络问题造成的直播中断，主播就要考虑是不是直播中出现了违规内容被平台处罚了，主播可以登录直播账号进行确认，然后根据具体情况寻找解决方法
画面卡顿	造成直播画面卡顿的原因通常也有两种，一是网络较差，此种情况下，主播可参考前面给出的方法来解决；二是直播设备配置较差，无法带动直播，此时主播需要更换配置更高的设备来支持直播
闪退	闪退的原因可能是设备内容被其他程序占用，也可能是设备本身内存空间不足。面对闪退，最好的处理方法就是退出当前直播然后再次登录

主播除排除故障外，还要向观众致歉，真诚地向观众解释出现故障的原因，维持和观众的互动，消除观众的不满。

2．商品问题

作为"人、货、场"中最为核心的一环，商品在直播中的重要性不言而

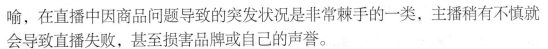

喻，在直播中因商品问题导致的突发状况是非常棘手的一类，主播稍有不慎就会导致直播失败，甚至损害品牌或自己的声誉。

在直播过程中，商品出现的最常见的问题有质量问题、价格问题、链接问题。

（1）质量问题

这里所说的质量问题是指主播未了解清楚商品的性能、质量，或者展示商品时操作失误导致的问题。为了避免这些情况的出现，主播在选品过程中要选择有品质保障的商品，并试用商品，详细了解商品的各项信息，确保自己能在直播中向观众全面正确地介绍商品。

（2）价格问题

价格问题主要有两种表现。

第一种是主播向观众表明直播间内某款商品的价格低于该款商品线下专柜和线上旗舰店的价格，但是观众发现并非如此，导致观众产生不满。为了避免这种情况的发生，主播在与品牌方商谈直播商品价格时，最好向品牌方争取保价，确保品牌方在数月内不会以低于直播间的价格来销售商品。

在直播中遇到这种情况时，主播要先去核实，确认情况属实后站在粉丝这一边，以"不再与品牌商合作"作为表态，强调坚持维护粉丝的利益。主播还可以向直播间的粉丝做出承诺，后续在直播中或以短视频的形式做出澄清，讲清楚事情的来龙去脉，展示自己和品牌方交涉、处理这件事的过程，以获得粉丝的谅解和信任。

第二种是观众支付的价格与主播在直播间内承诺的价格不符。这种情况多是观众未正确领取或使用优惠券、红包导致的。主播可再次向观众解释清楚如何领取和使用优惠券、红包才能以直播间的价格购得商品，并向观众展示领取和使用优惠券、红包的方法。

（3）链接问题

链接问题是指在直播过程中，上架至直播间的商品链接出错、失效，或者商品链接中的价格、优惠券标注错误等。处理此类问题最常见的做法是先将商品下架，告知观众不要购买，向已经下单购买的观众表示歉意，并为他们办理退款。与此同时，主播与品牌方进行沟通，修改商品链接，待商品链接修改好后重新上架该商品，并告知观众可继续购买。

如果商品链接无法及时修复，主播可以直接将此款商品下架，并向观众解释原因，表示歉意，并继续后面的直播。

3. 直播间氛围不融洽

直播间虽不大，但人员构成和工种都不简单，直播间中存在主播与粉丝、主播与副播、副播与粉丝、主播与商家等多种关系，直播现场的一点消极互动就有可能引发直播间的氛围不融洽。

直播间出现氛围不融洽的情况后，有经验的主播通常会以简短的几句话解释情况，并安抚观众的情绪，然后以专业的态度迅速投入对商品的介绍中，有时还会用发红包、抽奖等形式转移观众的注意力。

有时由于主播没有及时回复消息或者主播的态度不好，令观众产生不满，主播察觉到这一点后要耐心解释，同时增强与观众的互动，以获得观众的谅解。

4. 观众恶意扰乱直播间

主播在面对观众的辱骂、讥讽时，切忌与对方展开对骂，而应当保持心平气和，将对方拉黑或禁言，情况特别严重时，可以联系官方平台进行处理。

> **📝 素养小课堂**
>
> "人而无信，不知其可"，诚信文明源远流长。诚信自古以来就是中华民族的传统美德，也是我国社会传统伦理道德的主要内容，是道德规范的基本要求，也是社会主义核心价值观的重要内容。做人要"以诚待人，以信立身"，不讲诚信的人注定无法获得别人的信任。

👤 活动五　付费推广直播

要想提升直播间的流量，实现快速引流，主播可以直接通过付费来推广直播间。在直播之前，小艾就已了解了三大直播平台的付费推广操作，包括淘宝直播付费推广、抖音直播付费推广和快手直播付费推广。

1. 淘宝直播付费推广

淘宝直播付费推广主要采用超级推荐。超级推荐是指在推荐场景中穿插原生形式信息的信息流推广产品，它基于阿里巴巴大数据推荐机制，赋能全方位定向体系，从商品、店铺、类目、内容、粉丝等多维度帮助商家精准地找到潜在的消费者。

超级推荐的主要付费方式为按点击收费（Cost Per Click，CPC），即用户点击才收费，只要用户不点击，平台就不收费，推广成本具有较强的可控性。

通过超级推荐推广，直播间可以被推送到"推荐""订阅""淘宝直播"等资源位，实现对直播间的引流。

（1）"推荐"

"推荐"资源位位于手淘的公共区域，可以覆盖大量潜在观众，流量较大，非常适合为直播间引流、"拉新"等。一般来说，直播推广在"推荐"的第10个坑位，如图5-29所示。

（2）"订阅"

"订阅"资源位的广告主要展现给粉丝，适合进行粉丝转化、粉丝维护等运营操作，如图5-30所示。与"推荐"资源位相比，"订阅"资源位的流量要少一些。"订阅"资源位的创意展现形式为原生展现形式，与直播后台同步，主播不用自行上传创意。

（3）"淘宝直播"

拥有"淘宝直播"资源位的主播可以获得非常多的流量和粉丝，提高转化率，如图5-31所示。

图5-29 "推荐"

图5-30 "订阅"

图5-31 "淘宝直播"

2. 抖音直播付费推广

如果抖音直播间的人气不高，主播可以付费使用"DOU+直播上热门"功能。该功能可以助力直播间迅速上热门，提高直播商品的曝光率。

主播可以选择在开播前投放"DOU+"，也可以在直播过程中根据实时数据选择定向投放"DOU+"。

如果在开播前投放，则点击开始直播界面中的 （见图5-32），选择加热方式。主播可以选择"快速加热"（见图5-33），也可以选择"自定义加热"，然后设置下单金额、加热方式、投放目的、期望曝光时长等参数，支付后即开始投放，如图5-34所示。

图5-32　点击"DOU+上热门"　　　图5-33　"快速加热"　　　图5-34　"自定义加热"

如果主播在直播过程中投放，则点击直播界面右下角的"…"按钮，选择"DOU+直播上热门"，设置好相关条件后支付即可投放。

经验之谈

　　主播要想高效地投放DOU+，就要先想清楚自己投放的DOU+目的是"涨粉"还是提高商品销量，在明确目的之后再设置合适的投放参数。为直播间投放DOU+主要是提升观众进入直播间后的互动数据，包括给观众"种草"、观众互动、直播间"涨粉"、直播间人气等。给观众"种草"这一参数只出现在带货直播中。

　　直播加热方式有两种，分别是直接加热直播间和选择视频加热直播间。主播应尽量使用直接加热直播间这一方式，其优势在于观众进入直播间以后无法进行上滑操作，只能点击"关闭"按钮才能返回推荐页面，这有利于提高观众的转化率。

3. 快手直播付费推广

主播在快手平台直播时，如果直播间的人气不高，也可以进行付费推广。主播在开播前点击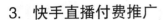（见图5-35），并设置参数，包括期望提升直播观看或粉丝数、下单金额、出价方式、投放内容、期望投放时长等，支付成功后即可开始推广，如图5-36所示。

出价方式包括智能出价和自定义出价。如果选择自定义出价，主播要设置每直播观看推广费，最低出价为0.1元，如图5-37所示。

图5-35　点击"上热门"

图5-36　设置参数

图5-37　自定义出价

快手直播的每位观众推广费为1快币，即0.1元，主播在选择想要获取的直播观看或粉丝数后，就可以看到支付的成本。主播出价越高，直播观看或粉丝数就越多，引流速度也就越快，所以在直播高峰期时主播可以适当调高出价，以快速提升直播间的人气。

快手直播推广的付费方式为CPC，平台按照点击进入直播间的人数扣费，同一个观众多次点击只扣除一次费用。

主播可以拍摄一条预热短视频，详细说明直播的时间和主题，并在直播前为该短视频付费使用"快手粉条"功能，选择"粉丝加热"，出现图5-38所示的界面，选择投入金额、推广时长后进行支付，支付成功后，这条短视频就会出现在粉丝关注页的第一位，从而提高直播间被粉丝看到的概率。为了进一步提高直播间被粉丝看到的概率，主播在开播时要在"开始直播"界面开启"通知粉丝"功能，如图5-39所示。主播也可以在直播前1~2小时使用"上热门"功能，将预热短视频推广给更多潜在的粉丝，这能为直播间增加人气，还可以顺便"涨粉"。

图5-38　选择"粉丝加热"后出现的界面

图5-39　开启"通知粉丝"功能

👤 活动六　引导观众加入粉丝群

在直播电商中，主播不仅要注重商品的质量，还要以粉丝为中心，积极、热情地与粉丝进行互动，以留住粉丝，增强粉丝对主播的信任感。

小艾与同事有一个共识，那就是粉丝运营的关键环节是引导观众加入粉丝群，在建立粉丝群并且在粉丝群内粉丝的数量不断增加后，应通过各种方式来增强粉丝黏性。

主播引导观众加入粉丝群的主要方式为加粉丝团。粉丝团是粉丝和主播的专属组织，是维系粉丝与主播关系的重要工具，加入主播粉丝团的粉丝可受到主播更多的关注。

粉丝要想加入主播的粉丝团，首先要关注主播，然后点击左上角的粉丝团按钮，点击"加入粉丝团"，最后支付入团费用（在抖音直播间为1抖币）。

由于加入粉丝团需要付费，主播在引导观众加入粉丝团时要重点强调自己能为粉丝团成员提供远超入团费用的商品福利，如粉丝团成员购买洗面奶"买一送一"，如果观众不加入粉丝团，购买一瓶洗面奶就只能发一瓶。这样一比较，入团的优势就显而易见了。

除了物质上的福利，为粉丝团成员提供精神福利也十分重要。加入主播粉丝团的粉丝拥有粉丝团成员专属的粉丝徽章，且在直播间聊天时可以展示特殊的昵称颜色，还可以发送特殊样式的弹幕，拥有特殊的进场特效，这让粉丝更容易获得主播的关注，增加了粉丝与主播互动的机会。另外，加入粉丝团的粉丝还可以获得粉丝团专属福利，参与粉丝福利购，以更低的价格买到最适合的商品，而且提出的问题也会被主播优先回答。

在运营粉丝群时，主播要通过以下技巧来增强粉丝黏性。

1. 创作优质内容

主播在运营粉丝群的过程中要不断创作，持续性地为粉丝提供有价值的内容。例如，某主播主推婴幼儿奶粉，其目标受众为婴幼儿父母，该主播可以在粉丝群内每天定时发布一些与奶粉相关的知识，时间一长，粉丝就会形成观看习惯，并不断加深对主播的信任。

2. 粉丝分层

主播要学会对粉丝实施分层运营，也就是对粉丝进行分类，根据粉丝的购买习惯和特征给粉丝贴标签，向带有不同标签的粉丝分发适合其学习的内容，并有针对性地为其推荐相关商品。

3. 高效互动

主播在把粉丝引流到粉丝群以后，要经常与其进行互动。高效互动的方法如表5-20所示。

表5-20 高效互动的方法

互动方法	说明
发起话题	主播可以在粉丝群内发起容易引起讨论、使人产生共鸣的话题，如情感问题和热点事件等，以使粉丝热烈讨论，从而加深粉丝对主播的认知
抽奖	主播可以时不时在粉丝群内进行抽奖，这种玩法虽然简单、直接，但往往十分有效，因为抽奖可以让粉丝一直有一种期待感和参与感
举办粉丝活动	主播可以定期举办一些粉丝活动，包括线上活动和线下活动，以提高粉丝的参与感；而定期举办活动会形成自己的特色，有利于更好地开展品牌推广

同步实训

👤 实训一 为直播带货设计直播话术

📋 实训描述

某服装店想通过直播来卖货，直播中主要销售的商品有女士T恤、连衣裙、半身裙、春款卫衣、衬衣等。请同学们结合本项目的内容为其设计直播话术，话术要涵盖开场欢迎、互动留人、商品推介、促进成交和直播下播等环节。

✖ 操作指南

（1）使用开场欢迎话术

正式开播时，观众陆续进场，主播要分析如何暖场，如何快速做自我介绍，是否直接告知观众直播间的福利和优惠措施。

（2）使用互动留人话术

主播要充分调动观众的情绪，让直播间的气氛保持活跃，引导直播间的观众与自己进行互动，如点赞、转发、评论等。

（3）使用商品推介话术

主播要介绍商品，详细说明其亮点和竞争优势。主播可以试穿服装，展示服装的试穿效果和设计细节；介绍服装的风格；介绍服装的尺码和款式；介绍服装的价格优势和直播间的促销活动。

（4）使用促进成交话术

主播要向观众说明购买服装的必要性，以及尽快购买的理由；介绍购买服装的福利，并给观众制造紧迫感。

（5）使用直播下播话术

主播要想办法让观众觉得在直播间学到了知识或抢到了物美价廉的商品，并产生下一次还在这个直播间购买的想法。在下播时，主播要预告下一场直播的时间、内容，并感谢工作人员和观众。

💬 实训评价

同学们完成实训后，撰写心得体会并提交给老师，老师按表5-21所示内容进行打分。

表5-21　实训评价

序号	评分内容	总分	老师打分	老师点评
1	开场欢迎话术是否恰当	20		
2	互动留人话术是否恰当	20		
3	商品推介话术是否恰当	20		
4	促进成交话术是否恰当	20		
5	直播下播话术是否恰当	20		

实训二　执行直播活动

实训描述

本次实训要求同学们演练执行直播活动的整个流程，包括直播前预热、提高直播间人气、设计直播互动环节、处理直播间突发状况、付费推广直播、引导观众加入粉丝群，最后取得理想的直播效果。

操作指南

（1）直播前预热

选择自己最熟悉的直播平台，确定合适的直播预热时机，分析直播间观众的活跃时间，找到直播观众最活跃的时间段。多渠道宣传，让更多观众了解直播信息，通过社交平台、电商平台、企业官方网站和线下实体店等渠道为直播预热。

（2）提高直播间人气

按照提高直播间人气的5个步骤进行操作：剧透互动预热，"宠粉"款开局，"爆款"打造高潮，福利款制造高观看量，完美下播为下场直播预热。

（3）设计直播互动环节

主播可以利用设置贴纸、派发红包、开展抽奖活动、发起互动小游戏、发放优惠券等方式与观众互动，以营造直播间热闹的氛围。

（4）处理直播间突发状况

当直播间出现突发状况时，主播要冷静处理，灵活应对，维持直播间良好的直播氛围和秩序。

（5）付费推广直播

主播根据直播的实际情况，在选择的直播平台上使用付费推广服务，优化直播效果。

（6）引导观众加入粉丝群

主播要引导观众关注直播账号并加入粉丝群，然后在粉丝群与粉丝积极互动，增强粉丝黏性。

实训评价

同学们完成实训后，撰写心得体会并提交给老师，老师按表5-22所示内容进行打分。

表5-22　实训评价

序号	评分内容	总分	老师打分	老师点评
1	直播前预热是否有效	20		
2	是否有效地提高了直播间人气	10		
3	互动是否活跃了直播间氛围	20		
4	处理突发状况是否合理	10		
5	付费推广是否有效	20		
6	在观众加入粉丝群后是否与其有互动	20		

项目总结

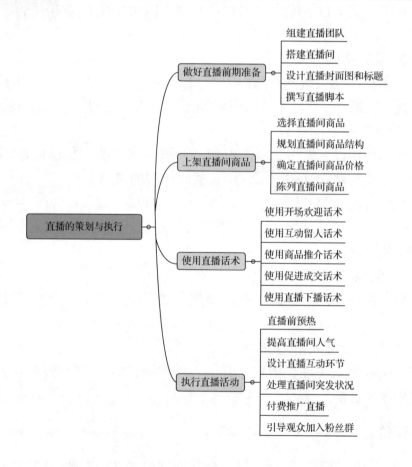

项目六

短视频与直播营销复盘

职场情境

　　没有数据支持的决策就是在盲目"拍脑袋"，没有复盘的短视频与直播营销就是在"碰运气"。如果短视频与直播营销的方向不对，后期的努力全都白费。小艾明白，团队做复盘的意义就在于找出问题、分析问题、解决问题、指引方向，这样他们就能在短视频与直播营销的道路上少走弯路，提高经济效益。

　　于是，小艾和团队决定获取短视频与直播数据，并分析这两方面的数据指标，以指导运营工作。

学习目标

知识目标

1．了解短视频数据分析的指标。

2．了解第三方数据分析工具。

3．了解直播数据指标。

技能目标

1．学会通过第三方数据分析工具获取短视频和直播数据。

2．学会分析短视频数据指标。

3．学会分析直播数据指标。

素养目标

1．培养数据意识，用好数据要素，通过复盘提高短视频与直播营销能力。

2．树立复盘思维，主动发现问题并解决问题，不断优化。

3．保持对短视频行业和直播行业的敏感度，提高沟通协调能力。

任务一 短视频营销复盘

在短视频运营中，复盘是一个必要的环节。短视频运营人员可以通过分析短视频数据来提高短视频内容质量，调整和优化短视频运营策略。鉴于数据对短视频运营的重要性，小艾与同事在发布短视频后总是十分关注短视频的各项数据。

活动一　获取短视频数据

收集足够多的有效数据是开展数据分析的基础，小艾与同事主要通过第三方数据分析工具来获取短视频的运营数据。

目前市场上有很多专门提供短视频数据分析的第三方数据分析工具，如新榜、灰豚数据、蝉妈妈、火烧云数据等。它们为短视频创作者提供各类短视频达人榜、短视频播放排行榜、热门素材、爆款商品等数据，短视频运营人员可以利用这些工具收集自己需要的数据。

1．新榜

新榜是一个自媒体内容服务平台，早期以提供微信公众号数据分析服务为主，后来也加入针对抖音、快手、哔哩哔哩、微信视频号等平台账号的数据分析服务。

以"新抖"为例，它是新榜旗下的抖音短视频、直播数据分析平台，能为用户提供热门素材、抖音号排行查找、"种草"带货、探店打卡、品牌营销、运营数据下载、实时监测等全面的在线数据服务，帮助短视频运营人员全方位洞察抖音生态，发掘热门短视频、直播间、"爆款"商品及优质账号，有效地提高账号盈利能力。

例如，短视频运营人员可以在新榜上查看抖音号的排行榜单，了解短视频账号的新增作品数、分享数、评论数、点赞数、新增粉丝数、累计粉丝数、新榜指数等，如图6-1所示。

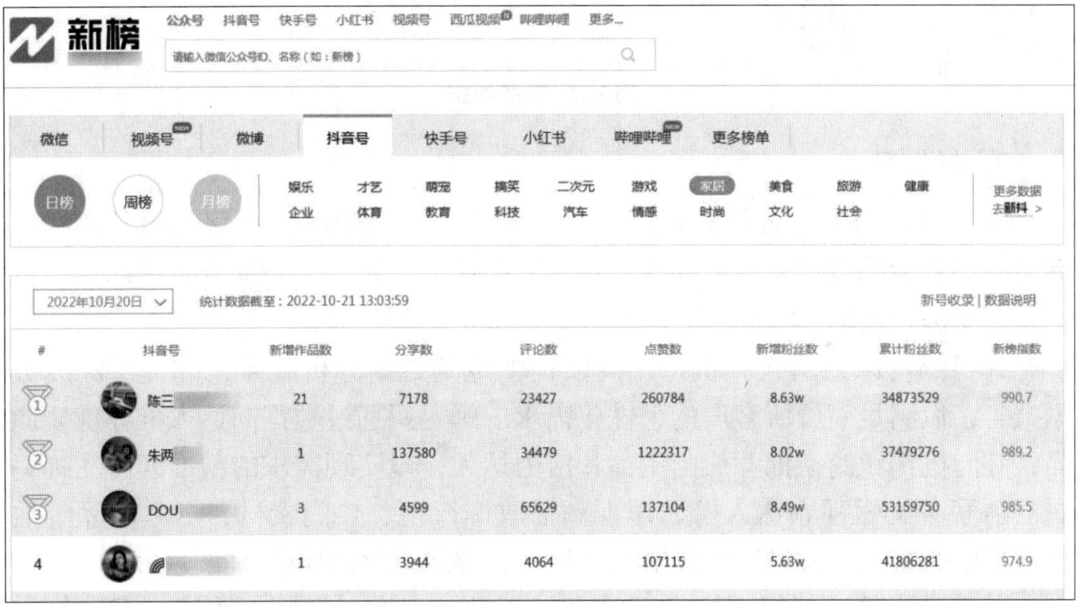

图6-1 新榜

2. 灰豚数据

灰豚数据是一款直播短视频带货数据分析工具，为品牌或商家提供高效实时数据服务，具有查询主播数据，寻找"爆款"商品，查询直播间销量、销售额数据等功能，支持多平台数据查询分析，包括淘宝、抖音、快手和小红书等。灰豚数据能提高寻找优质达人的效率，帮助品牌或商家高效运营自播直播间，助力短视频直播带货变现。灰豚数据的短视频数据分析界面如图6-2所示。

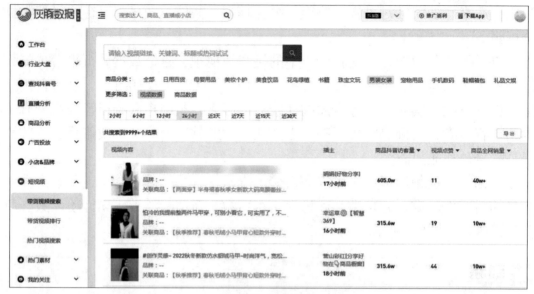

图6-2　灰豚数据

3. 蝉妈妈

蝉妈妈是国内知名的抖音、小红书直播和短视频电商数据与服务的提供商，基于强大的数据分析、品牌营销及服务能力，致力于帮助众多的达人、机构和商家提升效率，实现精准营销。

蝉妈妈可以为达人、机构和商家提供定制数据分析服务，并提供深度数据报告，以满足高价值客户的个性化需求。蝉妈妈通过数据向达人推荐优质商品，并向机构和商家推荐热门主播和潜力达人，以实现需求的精准匹配。蝉妈妈涵盖了各类短视频达人榜、短视频播放排行榜、热门素材、爆款商品等数据，帮助商家和达人利用大数据来科学、高效地运营短视频并实现盈利。

以抖音为例，蝉妈妈提供了达人、商品、直播、视频、小店、品牌等方面的榜单，如今日带货榜、带货小时榜、抖音销量榜（见图6-3）、抖音热推榜、直播商品榜、视频商品榜、带货视频榜、引流视频榜、"涨粉"达人榜、行业达人榜等。运营人员单击自己感兴趣的榜单即可查看详细的数据分析，包括基础分析（见图6-4）、达人分析、直播分析、视频分析和观众分析。

4. 火烧云数据

火烧云数据是短视频领域权威的数据分析平台。该平台依托专业的数据挖掘和大数据分析能力，提供哔哩哔哩数据、小红书数据等，致力于用技术赋能广告行业，开启新媒体广告投放数据化、智能化新纪元，实现广告主新媒体广告投放更快、更准、更稳、更有效。

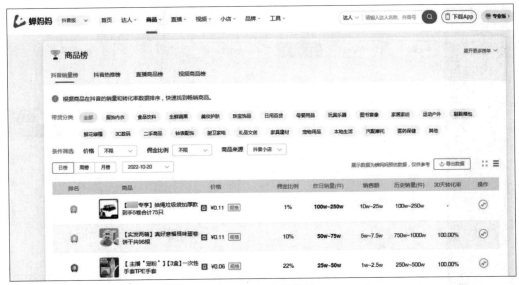

图6-3　抖音销量榜

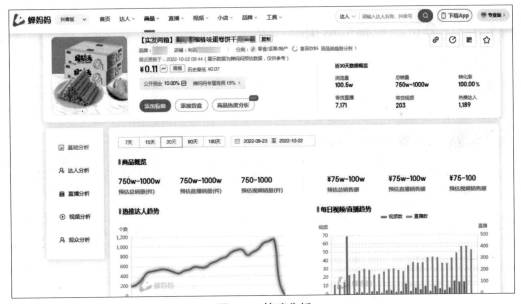

图6-4　基础分析

以火烧云哔哩哔哩版为例，用户以UP主（Uploader，上传者，指在视频网站、论坛等上传视频或音频文件的人）身份注册登录后，可以在页面中查询哔哩哔哩的大盘数据，搜索UP主，查看UP主排行榜（见图6-5），分析平台的热榜，寻找热点素材，还可以查看电商带货的相关数据，如热门带货视频、热销商品榜单、热门带货UP主。用户还可以通过输入短视频链接来监测在特定时间段内该短视频的数据表现。

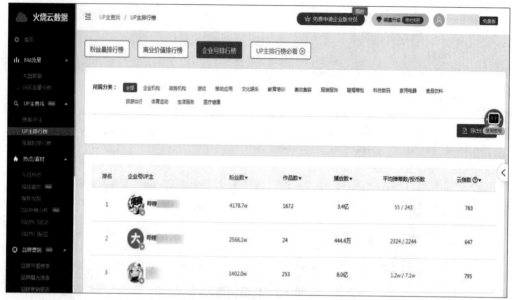

图6-5　火烧云数据"UP主排行榜"

活动二　分析短视频数据指标

在运营短视频账号的过程中，对账号的各项运营数据进行及时的汇总和收集，有利于运营人员掌握短视频账号的运营状态，并根据运营数据及时调整运营策略，提高短视频账号的竞争力。

第1步　了解短视频作品数据分析的常用指标

在开展数据分析之前，运营人员要对短视频数据分析指标有所了解，这样才有利于获得科学、有效的数据分析结果。短视频数据分析指标包括固有数据指标、基础数据指标、关联数据指标三大类。其中，固有数据指标是指短视频时长、短视频发布时间、短视频发布渠道等与短视频发布相关的数据指标。

下面重点分析基础数据指标和关联数据指标。

1. 基础数据指标

基础数据指标主要是指播放量、点赞量、评论量、转发量和收藏量等与短视频播放效果相关的数据指标。

（1）播放量

播放量是指在某个时间段内被用户观看的次数，代表着短视频的曝光量。播放量是衡量用户观看行为的重要指标，播放量越高，说明短视频被用户观看的次数越多。

播放量可以细化为昨日播放量、昨日粉丝播放量和累计播放量等。昨日播放量是指昨天有多少个用户观看了短视频。昨日粉丝播放量是指昨天有多少个粉丝用户观看了短视频。累计播放量是每天的昨日播放量的总和。运营人员可以使用账号管理功能查看短视频的各项播放量数据。

用户在首页看到短视频时，短视频的播放量不会增加，只有用户打开短视频观看后播放量才会增加。如果短视频不够吸引人，没有让用户在首页看到后产生点击观看的欲望，播放量就无法增加。从这个意义上讲，播放量是衡量短视频内容受欢迎程度的一个重要指标。

（2）点赞量

点赞量是指短视频被用户点赞的次数，能反映短视频受用户欢迎的程度。一条短视频的点赞量越高，说明用户越喜欢这条短视频。

另外，短视频平台会利用大数据技术，根据用户的点赞行为对用户的喜好进行分析，并向用户推荐符合他们喜好的短视频，因此点赞量会对短视频的播放量产生影响，点赞量高的短视频在一定程度上播放量也更高。

（3）评论量

评论量是指短视频被用户评论的次数，能反映短视频引发用户共鸣、引起用户关注和讨论的程度。

一般来说，评论量越大的短视频，其流量越大，人气也就越高。但是，评论有好评和差评之分，有些创作者为了增加评论量，会故意制造一些有争议性的话题，通过引起用户的观点冲突来增加短视频的评论量，进而获得更多的流量，这是不可取的。

在做短视频数据分析时，运营人员不要片面地分析评论量，还要多看具体的评论，关注最新评论和热门评论，分析用户的主流意见和态度，同时调整短视频内容，尽可能地增加好评，减少差评，使短视频真正受到广大用户的喜爱。

（4）转发量

转发量是指短视频被用户分享的次数，能反映短视频的传播度。用户的转发行为可以形成裂变式的传播效果，让短视频获得更多的曝光量。短视频被转发的次数越多，获得的曝光机会就越多，播放量也会随之增长。

另外，转发行为可以为短视频账号吸引精准粉丝，因为愿意转发短视频的用户往往非常喜欢短视频的内容。高转发量会为短视频账号带来更多精准的粉丝，从而增加粉丝量，提升营销的精准性。

（5）收藏量

收藏量是指短视频被用户收藏的次数，能反映用户对短视频的喜爱程度，能够体现短视频对用户的价值。用户收藏短视频后很有可能会再次观看，从而提高短视频的播放量。分析收藏量可以帮助运营人员优化短视频选题规划。当短视频收藏量较低时，说明短视频给用户的价值感较低，运营人员在规划选题时要强化内容中的价值，如增加干货、刺激用户的刚需、增强用户的代入感、强化短视频创意等。

2. 关联数据指标

短视频的播放量、点赞量、评论量、转发量、收藏量的数据变化浮动性较大，很多时候不同短视频的这些数据可能相差很大，这时如果仍将这些基础数据指标相差若干倍的短视频放在一起做对比分析，得出的结论往往是不准确、不科学的。这时，就需要用到比率性的关联数据指标，因为关联数据指标比较稳定且具有规律。

关联数据是指由两个基础数据相互作用而产生的数据，包括完播率、点赞率、评论率、转发率、收藏率等指标。

（1）完播率

完播率＝完整看完整个短视频的用户数÷点击观看短视频的用户数×100%。它是短视频平台进行统计的一个重要维度。提高完播率的方法有很多，例如调整短视频的节奏，努力在最短的时间内吸引用户的眼球；通过文案或内容引导用户看完整个短视频等。

（2）点赞率

点赞率＝点赞量÷播放量×100%。它能反映短视频受欢迎的程度。

（3）评论率

评论率＝评论量÷播放量×100%。它能体现哪些选题更容易引发用户共鸣，引起用户讨论的欲望。

（4）转发率

转发率＝转发量÷播放量×100%。转发代表用户的分享行为，说明用户认可短视频传达的观点和态度。转发率高的短视频通常带来的新增粉丝量比较多。

（5）收藏率

收藏率＝收藏量÷播放量×100%。它能反映用户对短视频价值的认可程度，用户在收藏后很可能再次观看短视频，从而提高完播率。

第2步 使用第三方数据分析工具分析短视频账号运营数据

如果运营人员想获得更多、更详细的数据，就要使用第三方数据分析工具。市场上的第三方数据分析工具一般可以同时监测多个短视频账号，让运营人员在监测自身短视频账号运营状况的同时，也能监测竞争对手账号的运营状况。此外，运营人员还可以使用第三方数据分析工具追踪实时热点，以指导创作人员进行短视频创作。

下面以蝉妈妈抖音版为例，介绍使用第三方数据分析工具进行短视频账号运营数据分析的方法。

1. 短视频账号运营概况

运营人员注册并登录蝉妈妈账号后，可以在搜索框内输入自己的抖音账号，单击"搜索"按钮进入数据界面，在左侧选择"视频分析"选项，在右侧可以查看在特定时间段内的视频数据，如图6-6所示。

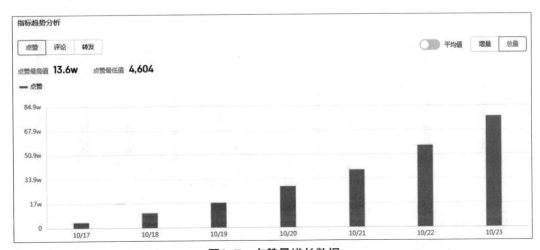

图6-6　视频分析

运营人员还可以查看指标趋势分析，看到点赞量、评论量和转发量的变化情况。图6-7所示为该账户在2022年10月17日至10月23日的点赞量增长数据。很明显，点赞量增长很快，柱形图数据上扬趋势明显。评论量和转发量的增长趋势也是如此，如图6-8所示。

图6-7　点赞量增长数据

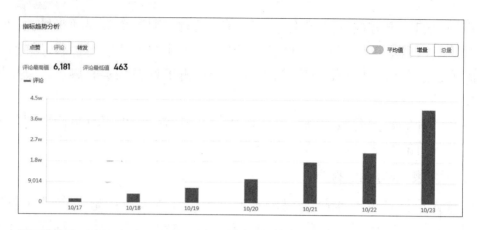

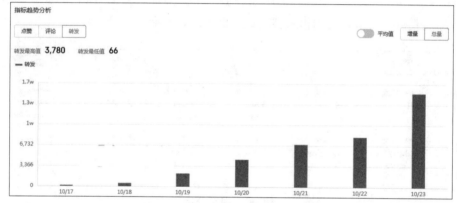

图6-8　评论量和转发量增长数据

　　运营人员还可以查看账号发布短视频的时间集中在什么时候，如图6-9所示。由图可知，账号发布短视频主要是在每天的17时、18时、21时；周五、周六发布的短视频数量最多，其次是周一和周二。

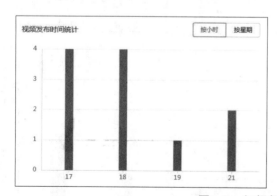
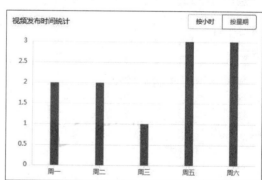

图6-9　短视频发布时间统计

2. 作品数据分析

　　通过分析作品数据，运营人员可以了解某个时间段内短视频账号发布的某个作品的传播指数、点赞量、评论量、转发量等数据，从而了解该作品的热度。

（1）选择"视频记录"选项中的某条短视频，进入该短视频的数据界面。图6-10所示为该短视频从发布之日起总共获得的点赞数、转发数、评论数、收藏数、IPM（千次浏览互动量）等。由于该短视频为带货短视频，所以也会有销售额、销量、GPM（千次浏览成交额）等数据。

图6-10　短视频作品数据概览

（2）选择"基础分析"选项，运营人员可以查看该短视频在特定时间段（24小时、3天、7天、30天、90天）内各项指标（点赞、评论、转发、收藏）的趋势，指标趋势分为增量和总量两个维度。图6-11所示为该短视频在7天内的点赞数的增量趋势，查看评论、转发、收藏等指标，会发现其增量趋势与点赞指标一致。

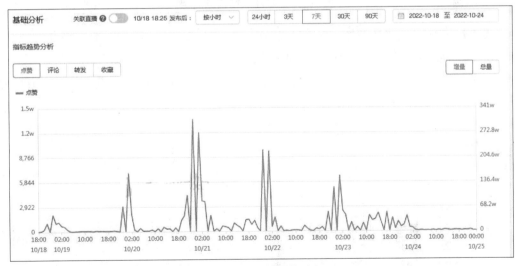

图6-11　指标趋势分析

（3）选择"商品分析"选项，运营人员可以查看带货商品的价格、佣金比例、预估销量和预估销售额，如图6-12所示。

图6-12　商品分析

运营人员还可以查看主要商品销售额趋势，将商品销售额的趋势与各项指标的趋势结合在一起进行分析，找到各项指标与商品销售额之间的联系。图6-13所示为该短视频带货商品的销售额增长趋势，在大部分时间段商品销售额增长与点赞数增长呈正比，但在10月19日至10月20日，点赞数增长趋势与商品销售额增长趋势完全相反，运营人员要找到背后的原因。

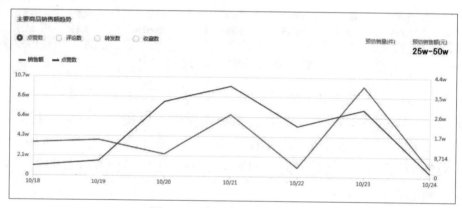

图6-13　主要商品销售额趋势

（4）选择"评论分析"选项，运营人员可以查看该短视频的评论热词，如图6-14所示。该短视频的评论中最常出现的词有"猕猴桃""农民""真的""好吃""买了""帮助"等，皆为积极、正向的词，说明观众被短视频的内容所感染和触动，购买商品的积极性很高。

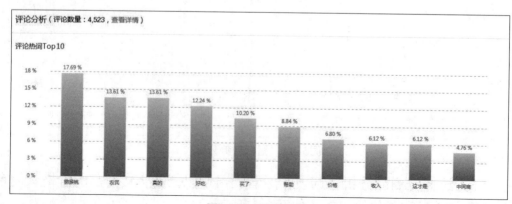

图6-14　评论热词

（5）选择"画像概览"选项，运营人员可以查看观众的性别分布、年龄分布、地域分布，如图6-15所示。该短视频的观众大部分为女性，年龄以18～30岁为主，主要分布在广东、山东、河南、浙江等地。

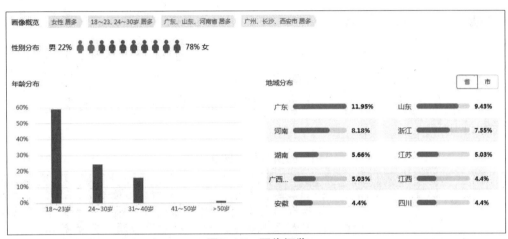

图6-15 画像概览

（6）选择"视频诊断"选项，运营人员可以查看该短视频的基础数据评分，以及该短视频的关键指标在所处行业的水平，从而找到不足之处并进行改善。

（7）选择"对比分析"与"对比视频"选项，可以添加竞品视频，与该短视频对比IPM和GPM等指标。

✎ 动手做

进入短视频账号后台，查看近7天发布的各条短视频的数据，并总结提高短视频完播率的方法。

✎ 素养小课堂

复盘需要的是成长型思维，养成反思复盘的习惯，可以帮助我们大幅度提高效率，快速成长，通过"回顾目标—查找问题—整理经验—总结提升"来找到适合自己的解决方案，最终落实到行动中。

任务二 直播营销复盘

直播营销复盘是指直播运营团队在直播结束后对本次直播进行回顾，评判直播营销的效果，总结直播的经验教训，为后续直播提供参考。小艾在直播结束后，与团队一起回顾整场直播，通过后台的直播数据发现了自身存在的问题，这为他们改进直播运营策略提供了方向。

活动一　获取直播数据

在做直播营销复盘时，运营人员首先要确定数据分析目标，这样才能有针对性地进行分析，使下一次直播营销的效果得到全面优化。有了数据分析目标，运营人员接下来就要获取足够的数据。获取直播数据的渠道主要有3个，如表6-1所示。

表6-1　获取直播数据的渠道

获取渠道	说明
直播账号后台	直播账号后台通常会有直播数据统计结果，运营人员可以在直播过程中或直播结束后通过账号后台获得直播数据
平台提供的数据分析工具	一些平台提供了数据分析工具，如淘宝平台的数据银行、生意参谋等，这些工具能为运营人员提供直播营销的相关数据，运营人员可以根据这些数据分析直播营销效果
第三方数据分析工具	目前市场上有很多专门提供直播数据分析服务的第三方数据分析工具，运营人员可以利用这些工具收集自己需要的数据。第三方数据分析工具有很多，如灰豚数据、蝉妈妈等

活动二　分析直播数据指标

在直播数据复盘过程中，运营人员要进行数据分析，在回顾直播流程时用量化的数据总结直播表现。直播间的后续操作需要依靠数据指引方向，运营人员可以借助数据分析结果来制定相应的执行方案并进行测试，以优化下一次的直播营销效果。

下面以第三方数据分析工具"蝉妈妈"为例来介绍如何对抖音直播间的数据进行分析。

1. 粉丝画像数据

粉丝画像数据包括观众来源、性别分布、年龄分布、地域分布等指标。图6-16所示为观众来源，图6-17所示为性别分布和年龄分布。

通过性别分布比例可以看出，在该直播间观众中，女性占绝大多数；在年龄分布上，18～23岁的观众和24～30岁的观众占比较高，他们的消费能力和消费意愿普遍较强。

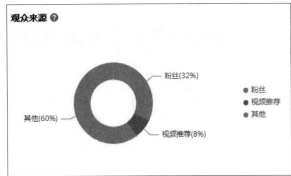

图6-16　观众来源

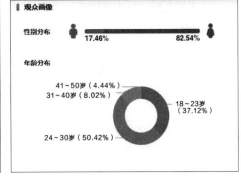

图6-17　性别分布和年龄分布

2. 流量数据

流量数据主要包括人气数据、在线流量、粉丝团人数等指标。

（1）人气数据

人气数据包括观看人次、人气峰值、平均在线、发送弹幕、累计点赞、"涨粉"人数、"转粉"率，如图6-18所示。其中，"转粉"率可以根据公式"'转粉'率＝'涨粉'人数÷观看人次×100%"计算得出。

图6-18　人气数据

（2）在线流量

在线流量包括累计观看人次、人气峰值、平均停留时长，以及在线人数、进场人数、离场人数，如图6-19所示。

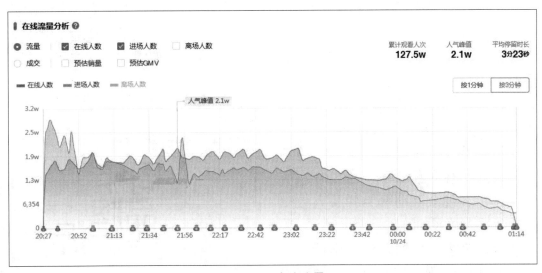

图6-19　在线流量

（3）粉丝团人数

粉丝团人数包括本场新增粉丝团、粉丝团增量峰值和峰值时间，如图6-20所示。

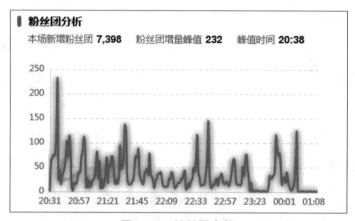

图6-20　粉丝团人数

3. 互动数据

互动数据与弹幕热词相关联。在直播营销过程中，观众评论中出现次数最多的关键词会突出显示并反映在弹幕热词中。主播可以从中直观地了解观众喜欢聊什么、对哪些商品感兴趣，发现其购买倾向和主要需求。这样在下次直播时，主播就可以准备更多的相关话题，以活跃直播间的氛围，或者在直播中持续推荐观众感兴趣的商品。

弹幕热词数据包括弹幕总数、弹幕人数和观众互动率，如图6-21所示。其中，观众互动率=弹幕人数÷累计观看人数×100%。

除弹幕热词数据以外，累计点赞数、累计评论数等数据也能反映直播

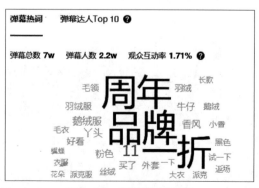

图6-21　弹幕热词数据

的互动情况，如图6-22所示。

4. 转化数据

转化数据主要有带货趋势图、转
化漏斗和直播带货数据。

（1）带货趋势图

带货趋势图主要包括带货产出趋
势、GPM趋势和带货小时榜。其中，
带货产出趋势指的是主播本场直播产
出的GMV/直播时长，即主播在本场
直播中平均每分钟的带货表现，如
图6-23所示，主播在当天23:10的带货
产出最高。GPM指的是平均每千次观看成交金额，如图6-24所示，该主播在当
天23:10的GPM最高，为1.6万元。

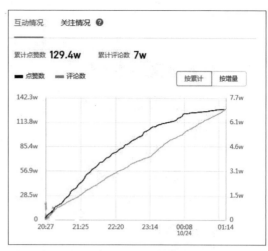

图6-22 互动情况

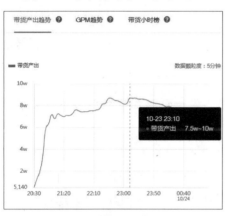

图6-23 带货产出趋势

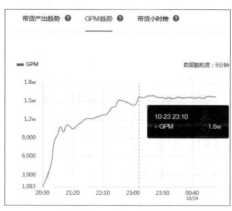

图6-24 GPM趋势

（2）转化漏斗

转化漏斗包含的数据有累计观看人次、商品点击次数和商品销量等，转
化可以分为两步，分别是观看/点击、点击/购买。观看/点击转化率＝累计观
看人次÷商品点击次数×100%，点击/购买转化率＝商品点击次数÷商品销
量×100%，而整体转化率＝（观看/点击转化率）×（点击/购买转化率）×
100%。图6-25所示为本场直播的转化漏斗，整体转化率为6.01%，而一般来说
抖音直播间的转化率为5%~20%就非常优秀了。

（3）直播带货数据

直播带货数据包括本场销售额、销量、客单价、上架商品、带货转化率和
UV（Unique Visitor，独立访客）价值，如图6-26所示。UV价值＝总销售额÷

访问人数。

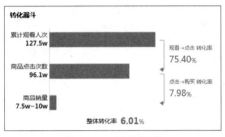

图6-25　转化漏斗

图6-26　直播带货数据

 知识窗

除了数据之外，主播及其团队还要进行人员、货品摆放、场地、道具、标题、封面图等维度的复盘总结。一般来说，每场直播都要进行一次复盘，单周或双周进行一次大复盘。在复盘时，团队既要提出不足之处，又要指出优点和亮点，将其放到标准工作程序中，以指导后续工作。

动手做

进入直播账号后台，查看直播观众画像，说一说自己直播账号的观众特征，以及如何根据观众特征进行选品。

素养小课堂

复盘不仅是一种思维，也是一种态度。对待复盘，不要有"事情做得差不多就行""浅尝辄止""糊弄一时"的态度，而应当认真、细致、仔细、严谨，寻找问题的根源，理清事情的逻辑，这也是精益求精的工作态度的体现。

同步实训

实训一　进行短视频营销复盘

实训描述

作为一名短视频创作者，你在拍摄完成并上传短视频后，经过一段时间的播放，你以及你所在的团队需要查看短视频的播放数据，分析短视频的流量和互动情况，从中找出问题并做出改进。

✂ 操作指南

（1）选择第三方数据分析工具。你可以从新榜、灰豚数据、蝉妈妈、火烧云数据等工具中选择最适合自己的一个工具来分析数据。

（2）分析短视频账号运营情况。例如，登录蝉妈妈，搜索自己的短视频账号，查看短视频账号的整体运营情况。

（3）分析作品数据情况。选择某个短视频，进入该短视频的数据界面，了解某个时间段内该短视频的传播指数、点赞量、评论量、转发量等数据，了解该短视频的热度。

（4）提出改进意见。找到短视频中的较差数据，分析该现象的形成原因，然后提出改进意见。

💬 实训评价

同学们完成实训后，撰写心得体会并提交给老师，老师按表6-2所示内容进行打分。

表6-2　实训评价

序号	评分内容	总分	老师打分	老师点评
1	是否了解第三方数据分析工具	20		
2	是否能熟练地分析短视频账号的整体运营情况	30		
3	是否能熟练地分析短视频的数据情况	30		
4	是否能根据数据情况提出改进意见	20		

👤 实训二　进行直播营销复盘

📋 实训描述

作为一名主播，你在直播带货几个小时后，你以及你所在的团队需要查看直播带货的数据，分析直播带货的流量和互动情况，从中找出问题并做出改进。

✂ 操作指南

（1）选择获取直播数据的渠道。通过直播账号后台、直播平台提供的数据分析工具和第三方数据分析工具来分析直播带货数据，从中选择最适合自己的一种渠道。

（2）分析粉丝画像数据。查看直播间粉丝的性别分布、年龄分布、地域分布、观众来源等指标，并对其进行分析。

（3）分析流量数据。查看直播间的人气数据、在线流量、粉丝团人数等指标，并对其进行分析。

（4）分析互动数据。查看弹幕总数、弹幕人数、观众互动率，以及累计点赞数、累计评论数等数据，并对其进行分析。

（5）分析转化数据。查看带货趋势图、转化漏斗和本场销售额、销量、客单价、上架商品、带货转化率、UV价值等直播带货数据，并对其进行分析。

（6）提出改进意见。找到直播带货中存在不足的地方，分析该现象出现的原因，并提出改进意见。

💬 实训评价

同学们完成实训后，撰写心得体会并提交给老师，老师按表6-3所示内容进行打分。

表6-3　实训评价

序号	评分内容	总分	老师打分	老师点评
1	是否了解获取直播数据的渠道	20		
2	是否能熟练地分析粉丝画像数据	15		
3	是否能熟练地分析流量数据	15		
4	是否能熟练地分析互动数据	15		
5	是否能熟练地分析转化数据	15		
6	是否能根据数据情况提出改进意见	20		

项目总结

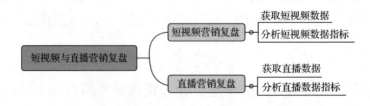